Edinburgh Notebook

Valerie Mejer Caso

Translated by Michelle Gil-Montero

Action Books
Joyelle McSweeney and Johannes Göransson, Founding Editors
Katherine Hedeen and Paul Cunningham, Managing Editors
Austyn Wohlers, 2020-2021 Editorial Assistant
PJ Lombardo and Valerie Vargas, 2019-2020 Editorial Assistants
Jeffrey Angles, Daniel Borzutzky, Don Mee Choi, Advisory Board
Andrew Shuta, Book Design

Edinburgh Notebook by Valerie Mejer Caso
Translated from the Spanish by Michelle Gil-Montero

Originally published as *Cuaderno de Edimburgo*, Amargord Ediciones, Madrid, 2012.

Cover image: "Upside-Down Fairlane" by Barry Shapiro
Collages on pages 40, 43, and 53:
"Looking at the Creature," "Riding the Crocodile," and "Real la idea" by Valerie Mejer Caso

First Edition

ISBN 978-0-900575-08-2
Library of Congress Control Number: 2020949128

Action Books, 233 Decio Hall, University of Notre Dame, IN, 46556 USA
actionbooks.org

In the memory of Charlie (1964–2005),
who died outside No. 5, West Register Street, Edinburgh.

CONTENTS

Hacia las estatuas sumergidas / Toward the Sunken Statues

Acerca del sobreviviente / On the Survivor

Movimientos / Movements

Postfacio / Postscript

IN THE DESERT MY LOVE

Because I suffer, it makes sense.
(*Edinburgh Notebook*, "From the Mountain")

Blindingly beautiful, almost maddening, dazzling—rarely is the
term "overwhelming" so apt as it is for the poems in *Edinburgh Notebook*, the
landmark book by one of the most extraordinary poets of our time, Valerie
Mejer Caso. Written from her close personal experience with a tragic death
(though death is always, as we know from Aeschylus and Sophocles, close
and tragic), this book is rare too in how it depicts, with piercing subtlety,
that incandescent limit where pain—deaf, unspeakable pain—begins to
pronounce the first words that make it expressible in this world. Still wet, as
if they had just sprung from the fact that informs them: *Edinburgh, someone
who throws himself out of a window, a brother who throws himself out of a
window, a brother, Charlie, who throws himself out of a window in the city of
Edinburgh.* The words of these poems bury the remains of a shattered body,
slowly, by joining it to pieces of other lives, other memories, other voices.
In this way, they reveal the ancestral, irreplaceable power of poetry—that
catacomb art which refuses to perish with our mortal beings—to cover the
irremediably damaged, the irreparable, with the scatterings of an infinitely
subtle compassion, the only one possible in us perhaps, the compassion
of words. The concrete scenes invoked by these words, the portraits, the
snapshots from other lives offer shelter and new understanding to her
brother's human remains, such as the facts could never provide. Burning
with an urgency that never wanes, the poems in *Edinburgh Notebook* name
the day and time, December, 5 p.m., Edinburgh; as well as the exact address
of the hostel, number 5 West Register Street, directing us, as readers, to
the fact that what is truly unspeakable is not the violence of death but the
violence of life. In other words, what is truly indescribable is the infinite
violence in the sum of petty misunderstandings, minor aggressions and
hostilities, glancing blows and fleeting humiliations, which accrue like an
avalanche of snow that threatens to overrun us to such an insane, monstrous

extent that we are capable of the utterly unnatural act of killing ourselves. Here, we recognize that suicide is not taking one's own life, it is taking away the violence that engulfed one's life.

Poetry is the great exception. Valerie Mejer Caso's poems speak to this exception. By symbolically gathering the remains of her dead brother, *Edinburgh Notebook* asks us to confront the dead brother in ourselves, just as it begins to form the words of a possible rebirth. Dead in ourselves, suicides in ourselves, we see that great poetry is always an act of restitution by which we recover the parts of ourselves that we have killed. Children of a blood-thirsty God, whose laziness and boredom have been called history, society, and culture—whatever living parts of us remain run through the lines of this book, in its arresting tenderness, its love, the sweetness of its invocation, *in the desert my love*, because it strives to use those parts to rebuild something immense and inexplicable that once was and is no longer.

That is, for now, all. For now, all that remains for me to say before these poignant poems is read, read, read this book, because something profoundly human will disappear if you do not read this book, because what disappears if you do not read these poems is precisely the part of our humanity that gives us our solidarity, fairness, consideration for each other, and more respect for the infinite deaths that have hurled us into this life.

Raúl Zurita

Translated by Michelle Gil-Montero

"The fish is my friend too," he said aloud.
"I have never seen or heard of such a fish.
But I must kill him.
I am glad we do not have to try to kill the stars."

Ernest Hemingway, *The Old Man and the Sea*

Siempre es antes

Before Is Forever

Pienso en una cintura
como una hostia
en un dibujo de esta nada
en un ojo como una uva
o perla, en el corazón
del insomnio: el alba

I think of a waist
as a host
of a sketch of this emptiness
of an eye like a grape
or pearl, of the heart
of insomnia: dawn

Desde la montaña

Sus páginas se rasgan
o son rasgadas
o no son páginas sino alas.
El paisaje es una mujer que muere. Lo leo.
                    Porque sufro entiendo.
He llegado a la zona de la montaña
donde no hay regreso
más que volando.
Yo no sé volar. Rasgo este libro
que entiendo porque sufro.
Sería mejor que no hubiera deslaves
y que el camino para volver siguiera intacto.
En otro cuento son las aves
las que se comen las migajas, pistas para volver.
Aquí las aves son el libro.
        ese libro que entiendo
        donde dice *ya no existes.*
Tampoco sé volar.
      De los que han dejado de existir se dice que flotan.
      Ah, flotar. Niños perdidos,
      aquí dice
no sabes flotar, pero has dejado de existir.
Volver
querría decir que no pasó el tiempo,
que nada pasó.
      Y sí, sí pasó.

From the Mountain

Its pages tear
or are torn,
or they are not pages but wings.
The landscape is a woman dying. I read it.
                              Because I suffer, it makes sense.
I've reached the point on the mountain
where there's no way back
except to fly.
I can't fly. I shred this book
that makes sense because I suffer.
If only there were no landslides,
and the way back remained intact.
In another story, there are birds,
the ones that gobble up the crumbs, the trail home.
Here the birds are the book,
        the book that makes sense
           where it says *you don't exist.*
I can't fly either.
        They say, if you cease to exist, you float.
        Ah float. Lost children,
        here it says
you don't know how to float, yet you've ceased to exist.
To return
would mean that no time has passed,
that nothing happened.
        But yes, it did happen.

Dos diciembres

Two Decembers

I

Most people are heartless about turtles because a turtle's heart will beat for hours after he has been cut up and butchered.

Ernest Hemingway, *The Old Man and the Sea*

Bajo el estanque, mira el envés de sus patas de tortugas en un alma de lodo, un alma del bajo fondo. Los rostros van a volver de las montañas por caminos sinuosos y cicatrices de piedra. A la tierra entran los dedos del rubio niño perfecto y el alma de lodo palpita de miedo. Ahora veo en primer plano, una carrera de perros blancos que tiran de sus duenos. Tantas estrellas y plata sumergida. Es de los muertos. Ella se sienta, ella se muerde, ella se acuerda y sabe frente a la fronda copiosa de los árboles que una gran tortuga saldrá del estanque: bañada en plata aún líquida y mientras oculte la cabeza en el destello de su caparazón ella que azorada ve, dirá: es la memoria. Y en el corazón de la fábula escuchará:
¡no, mírala bien, es tu memoria!

At the bottom of the pond, peer under its turtle claws in a soul of murk, a shoal soul. Faces will return from the mountains on snaking roads and stone scars. The fingers of a blond perfect boy dig in the dirt, and the murky soul shudders with fear. Now in the foreground, I see: white dogs racing, pulling away from their masters. All the stars and sunken silver. It pertains to the dead. She sits, she bites herself, she remembers and knows that, under the heavy leaves, a giant turtle, bathed in still-liquid silver, will lumber from the pond. And as it tucks its head under its sparkling shell, she who watches astonished will say: this is memory. Then, at the heart of the fable, she'll hear:

No, look closer! It's your memory!

Diciembre, 5 de la tarde, Edimburgo

¿Últimos pensamientos?
¿La extraña disposición de las nubes? ¿La ventana que lo espera?
¿Nada nada nada? o la cara de su niña y de su niño.

Lúcidos pensamientos: "Lamento causar tanto peso
y pena, es el final del camino para mí, que alguna vez me vi
a mí mismo como un cruzado, soy un tonto".

Lúcidos pensamientos: "No tengo a dónde ir
y ningún propósito en la vida.
Lo siento. Ustedes son buenos amigos"

Lúcidos pensamientos: "La vida de un hombre es hierba del campo,
y su mayor gloria sólo una flor,
que florece un día y que en el nuevo día ha desaparecido

Muero en vergüenza".
En recuerdo de la Biblia (que memorizó en una etapa de su juventud)
cayó

y trazó un fulgor que no devuelve el tiempo.
¿Es la cólera o la mayor velocidad — se preguntaba el viejo —
lo que hace salir esas franjas violáceas en el pez que era dorado?

Desde el principio solo, un niño rubio solo, olas, varas
y un perro querido, un tablero y su victoria nunca lúcida,
                luego los golpes de su padre, solo.
                Yo lo lamento, lo lamento.

December, 5 p.m., Edinburgh

His last thoughts?
The strange formation of clouds? The window, waiting?
Nothing, nothing, nothing? Or the faces of his boy and girl?

Lucid thoughts: "I'm sorry for causing so much trouble
and grief, it is the end of the road for me. If I ever saw
myself as a crusader, I'm a fool."

Lucid thoughts: "I'm going nowhere,
I have no prospects in life.
I'm sorry. You are true friends."

Lucid thoughts: "All flesh is like grass
and all its glory like the flower,
that blooms and withers,

I'm dying of shame."
In memory of the Bible (which he memorized as a boy)
he fell

and traced a radiance that siphons time.
Is it rage or speed—asked the old man—
that leaves purple streaks on the once-golden fish?

Alone from day one, a blond boy alone, waves, staves
and his beloved dog, the chessboard and his never-clear victory,
        later, when alone, his father's blows.
        I'm so sorry, I'm so sorry.

Al alto vacío

Embarazado de murciélagos, el gran álamo.
Abajo planea el zumbido
de las moscas un poco ante del las diez en la esquina
de Anapamu con State. Hasta donde llega el remoto ladrido del perro,
el siseo de las carriolas que avanzan hasta su día en la luna.
        Un sitio es antes una herida en la mente.
        Razonamientos presos
y apresurados hacia un pozo de llanto.
Al café veo entrar al veterano sin brazos
 y detrás de él viene la alucinación:
           mi hermano se arrastra con sus huesos rotos
por el largo pasillo hasta la ventana… desde ahí mira
el parque donde corre un niño rubio y paralelo
a una momentánea perfección que tuvo él mismo
sólo que este nunca será objeto de crueldad.
Allá la tarde sombrea
          aquel cuerpo quebrado, frente al hostal
ubicado en el número 5 de West Register Street, Edimburgo.
Es otra calle ese sitio.
No puede existir en la mente.
No puede ser una calle.
Orbito alrededor de ella en el espacio exterior,
en donde al lenguaje
le falta el saco y la corbata para ser admitido.

El espacio suena a balbuceos
a gritos de un jardinero que cae.
Por lo tanto es así que Edimburgo no existe
         más que al alto vacío.
Donde inexorablemente se demuestra el poder de la pena.
Afuera de este café las tortugas
mínimas y oscuras, ensanchan las raíces de árboles gigantescos
bajo la esfera de su sombra deambulan
         familias, gentes, jardineros. *Vivos.*

High Vacuum

Pregnant with bats, the great poplar.
Below, the droning
of flies just before ten on the corner
of Anapamu and State. Over distant barking,
strollers hissing en route to their day on the moon.
      First place pricks the mind.
      Reasoning tied up
and shoved into a pit of tears.
At the cafe, I watch the armless veteran walk in.
In his wake, hallucination:
      my battered brother crawls
the long hallway to the window... he looks
at a blond boy racing though the park, a flash
of his own lost perfection.
But that boy will never be the object of cruelty.
Afternoon shadows
      his shattered body, across from the hostel
at 5 West Register Street, Edinburgh.
That street is somewhere else.
It can't exist in the mind.
Can't be a street.
I orbit it in outer space,
where language
lacks the jacket and tie required for entry.

Space sounds like the stammer
screamed by a falling gardener.
That is why Edinburgh does not exist,
      except in a high vacuum.
Forever proving the power of pain.
Outside the cafe, tortoises,
dark and small, tumefy the roots of giant trees.
Strolling in range of their shadows,
      families, people, gardeners. *The living.*

Arena movediza

Arena movediza, así llamaron a ese vago círculo que había que rodear o *si pisas ahí morirás* dijeron mis hermanos dibujando con el dedo el círculo del fin. Yo me arredré como un perro. Era la menor. La luz sobrenatural, el resplandor del cuadro, el brillo en los ojos del perro, el fulgor de mi desesperanza.

Lo llaman *El cuadro más bello del mundo*, su cabeza y en ella las pupilas que remontan la salida imposible para el inocente. De manera que el gemido se escucha sin que el amo lo oiga, el amo que lo pinta y no lo salva, lo cuelga al lado de una puerta de su Quinta.

Gime que te gime mi perro, corro por una sábana, la sangre de granada me pareció porque también desesperados pensamos tonterías. Mi hermano gritaba *es mi perro*, que se muere en sangre a chorros, el auto se da a la huida, el brillo de pasadas las tres, *ayúdenme a ponerlo en la sábana, recojan las esquinas como en una camilla, eso, así, aún hay esperanza*, para el inocente Bobby aprisa, aprisa, que su amo está quebrado y lo estará cuarenta años más tarde cuando salte por una ventana en Edimburgo.

Un jardinero en la banqueta, no sé si éste era el cuadro más bello del mundo. A Bobby sólo se le rompió la pata, andaba con una cubeta en la cabeza para que no se lamiera la herida, el peligro había pasado—por lo pronto— ya vendría la playa, la bestia, la arena movediza y ese desdibujado círculo que se desplaza en el espacio donde todo cae, y se hunde, en un incesante mundo de perros.

Quicksand

Quicksand, or so they called that vague circle to avoid—*you step there, you die there*, said my brothers, with a finger drawing the circle of the end. I faltered like a dog. I was the littlest. Supernatural light, picture glare, the shine in the dog's eyes, my desperation, radiant.

They call it *the world's most beautiful picture*: his head, and inside it, pupils that trace the impossible outlet for the innocent. You hear him groan, but his master doesn't, that master who paints but cannot save him, hangs the picture by his villa door.

My dog groaning, I race across the sheet, it seemed like pomegranate blood because, desperate, we think nonsense. My brother hollered *that's my dog*, dying in splurts of blood, the car sped off, the incandescence after 3 o'clock, *help me get him on the sheet, grab the corners, like a stretcher, there, that's it, there's still a chance* for poor Bobby, hurry, hurry, his master shatters and will shatter forty years later when he jumps from a window in Edinburgh.

Gardener on the sidewalk, I don't know if that made the world's most beautiful painting. Bobby only broke his leg, hobbled with a bucket over his head, not to chew the wound, the danger gone—for now—next comes the beach, beast, quicksand, and that bleary circle wobbling in a space where everything falls, and sinks, into the incessant dog-day world.

La criatura

Quedó tendido en la popa, al sol, compacto en forma de
bala, sus grandes ojos sin inteligencia mirando fijamente
mientras dejaba su vida contra el tablazón del bote.

Ernest Hemingway, *El viejo y el mar*
(translated by Valerie Mejer Caso)

la criatura dice   no tengo
no soy no seré   rosa
mira aquel cuadro de una ciudad
mira la lluvia sobre los pájaros
lo que estalla en el papel
nadie muerto   nunca
no seré   agua
ni la camisa blanca
del muerto
no seré las cenizas de un dibujo
no seré   la vida
que no tengo
que no soy   ni hombre
ni su hueco   no soy
el cuerpo   azul
del planeta   quebrantado
hambre monte
y sombra soy

The Creature

He lay in the stern in the sun, compact and bullet shaped,
his big, unintelligent eyes staring as he thumped his life out
against the planking of the boat...

Ernest Hemingway, *The Old Man and the Sea*

the creature says I don't have
I'm not won't be   a rose
look at that picture of a city
look at the rain on the birds
what bursts on the paper
no one dead   never
I won't be water
or the white shirt
of the dead
I won't be the ashes of a sketch
I won't be the life
I don't have
that I'm not   not the man
or his absence   I'm not
the blue   body
of the planet   shredded
hunger   hill
and shadow I am

él recoge sus pezuñas
cubre su corazón
me pongo el collar   la ruta
se abre   la flor mutante
crece como una palmera
bajo la tempestad
se prolonga por días
desborda el estanque
hay noches donde el muro
se desmorona
como la respiración de tus
                huérfanos dormidos

(hoy la moneda del cielo
se sumergirá entre los juncos)

he retracts his claws
covers his heart
I clasp my necklace   the road
unfurls the mutant flower
splays like a palm tree
under thunderstorm
it drags on for days
the pond spills over
on some nights the wall
collapses
like the breath of your
          sleeping orphans

(today the sky's coin
will fall into the rushes)

parpadea una hilera de ojos
las rodillas alzan los cuerpos

la hermana se recoge el velo
toca sus pezuñas

el ojo guarda edades diversas
una sola es la muerte

(el día brega en las venas)

por completo despierta
en la imaginada calle

rota

a row of eyes flutter
knees hurl bodies

sister gathers her veil
touches the claws

the eye contains all ages
only one is death

(the day rows down its veins)

wide awake
on that pictured street

shattered

he cargado la canción
ha ladeado mi cuerpo

el péndulo roba aire
sopesa las horas

la canción de la mente
pesa en mi oído

también los barcos pesan
los hijos   las horas

caen   sus frutos

I've hauled the song
my body has tilted

the pendulum sucks air
ponders hours

the song in my head
weighs on my ear

and the boats weigh
the children   the hours

their fruit   falls

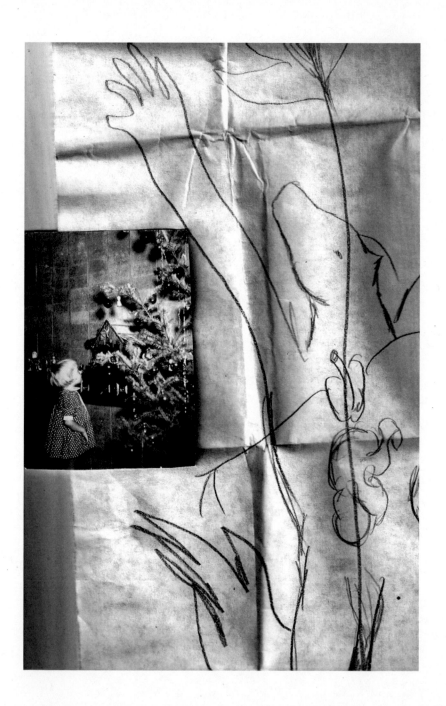

II

Riding the crocodile

Esta es mi sangre reciente: sus cuerpos.
Mi esposo entrando en ella. La cubre, la espesa,
le desata el cabello, la boca.
       Aúllo
por los pasillos de su casa nueva. Mi niña y su madre sin mente
compran dos boletos para el fin del mundo.
Un cocodrilo sostiene a una mujer sobre las olas
(Es una pintura de Kobayashi Kiyochika)
Sube una frase mía hasta algún punto de la atmósfera.
Hasta la noche sin Dios donde los perros mascan
mariposas en reposo.
Baja Dios mío. Afloja los dientes y sopla, empuja las nubes.
Empuja las olas. Que alcancemos la playa. Que pare la sangre.
O que el mar la disuelva en su tarde.
Y que en una ventana futura una vieja perdone.

Riding the Crocodile

This is my fresh blood: their bodies.
My husband entering her. Cloaks her, thickens her,
undoes her hair, her mouth.
    I howl
through the halls of their new house. My daughter and her headless mother
buy two tickets to the apocalypse.
A crocodile ferries a woman over the waves.
(It's a painting by Kobayashi Kiyochika.)
One of my sentences taps an atmospheric peak.
Rises to that godless night where dogs gnaw
butterflies in repose.
Come down, my God. Unlock
your jaw and blow, budge the clouds.
Budge the waves. So we reach the beach. So our bleeding clots.
Or let it dissolve in the ocean dusk.
So, in a future window, an old woman can forgive.

★★★★★

Esta es la arena de mi nombre. La luz de tu espada.
Esta la vergüenza de su filo mojado en otra lengua.
Este es mi tránsito y mi brazo tensado como un puente
para que mi hija atraviese en esta niebla de peñasco a peñasco.

Y este es nuestro pastor con su canasta de peces podridos.

*****

This is the sand of my name. The light of your blade.
This is the shame of its edge wet in another language.
This is my transit and my arm stretched like a bridge
so my daughter can cross, in this fog, from crag to crag.

And this is our shepherd with his basket of rancid fish.

Los barcos se detuvieron
hasta rozar las rocas. La sitiada ciudad
contenía a una niña. Basta
de olas. El intranquilo mar es una boca.
La cama flota al mediodía
en tu sangre, mi sangre, la de ella.
El vaso que pisas en la boda,
es mi pecho quebrado. Se ladean los mástiles,
péndulos que acosan la hora.
No es momento de escribirte una carta.
Hay que vivir como si uno de nosotros
muriera. Y como si el aliento final
ultimara los detalles.

The boats slowed
until they scraped rock. The walled city
held a child. Enough
of waves. The restless sea is a mouth.
The bed floats at noon
in your blood, my blood, hers.
The glass you stomp at the wedding
is my sternum, crushed. The masts tilt,
pendulums deviling time.
Now isn't the time to write you a letter.
We have to live as if one of us
died. As if our last breath
polished off the details.

En blanco

La tortuga parecía muerta. Volcada sobre el camino,
la acuna su caparazón.
La tortuga parecía afligida. Dentro de su óvalo un corazón sepia
jalaba la polea de la duración.
He pensado en ella. En la memoria. En sus ojos prehistóricos.
El agua es gris en la pintura de Kobayashi Kiyochika
y ella, la japonesa, va montada sobre las olas.
Ella, brava, asombrosamente blanca. El mar se va acercando
a esa orilla donde la tortuga parece latir
apenas. La memoria con todos sus ahogos
reunidos en esa elipse. Nadie debería pensar en la luna ahora,
pero es tarde ya para dar aviso. El poema ocurre
en la noche de la valiente y su cara es casi una página.
Yo he olvidado todo. Por la muerte y la tristeza.

In White

The turtle looked dead. Overturned on the road,
cradled in its shell.
It looked struck. In its oval, a sepia heart
worked the pulley of duration.
I've thought of it. Its memory. Its prehistoric eyes.
The water is gray in Kobayashi Kiyochika's painting,
and a woman, Japanese, mounts the waves.
She is brave, shockingly white. The sea nears
the shore where the turtle seems to beat
weakly. Memory, all its drownings
culled in that ellipse. No one should think of the moon now,
but it's too late to warn them. The poem takes place
on the night of her bravery, and her face is practically a page.
I'd forgotten it all. Out of death and sorrow.

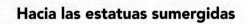

Hacia las estatuas sumergidas

Toward the Sunken Statues

They all have tired mouths,
and bright, seamless souls.

Rilke, "The Angels,"
Translated by Edward Snow

Eco

Tras el océano ido, su cuenco se vuelve acero y barcos difícilmente apuntalados están por derrumbarse sobre ese plato vacío. Me falta un sol en este mundo, me falta un mar. ¿Qué hacer con esta pila de puñales que ocupa el sitio donde estuvo el monte? Hay en la historia algo que nos ha dejado temblando, un gran viento que mueve las aspas de una corona temible y que ha arrastrado lluvia y cascadas hasta una atmósfera remota. Está cautivo el tiempo del agua. En él, el novio cierra los ojos al absorber la noche de otro cuerpo y ese soplo ilumina intermitente la casucha, las palmeras y a los que beben en silencio. Se aclara así su rostro de planeta. Esa luz debería de reventar la esfera y derramar sus aguas calle abajo donde sigue el mar evaporado y el barco se tambalea sin asidero. Los árboles se agitan en su tarde de sangre, los cántaros se juntan en los caminos vacíos. Hay un monte de dientes. El agua que nos resta tiembla alrededor del rey, en su bañera. Ningún río se vacía ya en el mar. Sus cauces son ya pura escritura. Historias del agua, paraísos de juncos, ciudades circundadas de cursos fluviales. Relatos sobre desembocaduras. Y pensar que tú y yo estuvimos ahí, de pie, cuando estabas vivo, en Veracruz, en ese efluvio donde la arena brillaba en azul y la luna naranja tenía cara de buen presagio. Por aquel filón de roca que entra en la bahía, vimos a la novia fundida en la leche de las nubes y de las estrellas nuevas. Sobre el monte los árboles podían ejercer su papel de testigos. Ahora está el eco. El paisaje es ya una gran cuchara y las palabras siguen buscándose, solas en el vendaval.

Echo

Once the ocean is spent, its hollow converts to steel, and all the oddly propped boats are ready to tumble onto that empty plate. I have no sun in this world, no ocean. What can I do with all these daggers, heaped where the mountain used to be? Some piece of the story has left us shaking, as a great wind jingles the bangles on a frightful crown, has dragged the rain and waterfalls to a distant atmosphere. Water's time is captive. In it, the groom clenches his eyes and takes in the night of another body, and their breath flickeringly lights the cabin, the palm trees, the people drinking in silence. It brightens his face like a planet. Light enough to burst the sphere and spill its liquid down the street where the sea is still evaporating and the boat, with no way to steady itself, lurches. On their bloody evening, the trees stir, the broken jugs rejoin along empty paths. There is a mountain made of teeth. The last of our water hovers around the king, in his bath. No river feeds into the sea. Its runnels are just writing. Stories about water, reedy paradises, cities looped in canals. Debouchment tales. And to think that you and I were right there, standing, when you were alive, in Veracruz, in that effluvium where the sand shone blue and the orange moon had the glint of a good omen. On that rocky reef into the bay, we watched the bride melt in the milk of clouds and new stars. On the mountain, the trees could stand witness. Now is the echo. The landscape is a big spoon, and the words are still searching themselves, alone in the storm.

Paulina

Leía el *Portrait d'une Femme* y escuchaba a Janet Barker
cuando pensé en tus ojos
y en otras fugitivas de mentes ultramarinas.
Leer y oír fue tu escenario cuando el proscenio
se cubrió de canicas (pisabas con cuidado)
que rodaban como mundos.
                                          Pero tú avanzabas.
El telón recién se había levantado y el público era de padres y madres
como si fuera una obra del colegio.
En la escena Ezra Pound te decía "Eres paciente,
estás al acecho de lo que salga a flote"
y los padres no entendían, pero soltaban mínimas lágrimas
que se limpiaban con el dorso de la mano. Al verlos Pound se levantó
y duró mudo el resto de la obra,
mirando el cielo de la escenografía.
Hizo bien porque el resto del poema no te hace justicia
y el aire se puso índigo y la acumulación de lágrimas
acabó en que estábamos bajo el mar.
Las canicas se habían disuelto en él como terrones de azúcar.
Cuando braceaste hasta la superficie me acordé
de las novelas que te gustan y me dije
qué bien, qué bien, qué azul su inteligencia. Y la canción se terminó.
Tus hijos entraron a secar el teatro
mientras tú salías a una calle francesa, a llorar los mares surcados,
los manteles tristes con sus enmohecidos cubiertos de plata
y con un paso dejaste atrás
a aquel público que brillaba como el oro de los muertos.

Paulina

I was reading "Portrait d'une Femme" and listening to Janet Barker
when I thought of your eyes
and other fugitives of ultramarine minds.
Reading and listening was your stage, when the proscenium
spilled over with marbles (you watched your step)
rolling like worlds.
                                    But you walked up.
The curtain lifted, and the seats were packed with fathers and mothers,
as if it were a school play.
In that scene, Ezra Pound assured you, "Oh, you are patient,
ready for whatever floats up"
and the parents didn't understand, but they shed a few tears,
which they wiped with the backs of their hands. At the sight of them,
Pound rose
and stood for the rest of the play
gazing up at the staged sky.
He did right, because the rest of the poem does you no justice,
and the air tinted indigo, as a tide of tears
swept us under the sea.
The marbles melted like sugar cubes.
As you swam to the surface, I thought back
to your favorite novels and told myself,
how nice, how nice, what a blue intelligence! And the song ended.
Your children mopped the theater
as you stepped onto a French street, to weep for the rutty water,
the dimmed tablecloths with mildewed wares,
and with a single step, you abandoned
that audience, who glimmered like gold on the dead.

Tercero

Hay un espurio de luto, noche de la noche. Hay un árbol
que fue mondado por un gigante. Hay una vasija rota en
una avenida de laureles. Alguien más alto que esta casa se
retuerce en un llanto que descoyunta al barrio. Hay caras
nocturnas que al despuntar el día sufren su raza. Doblan
la cintura como una ola, gritan como pájaros en celo. Oigo
tu voz que dice su decir. Oigo su determinación que entra
a mi cuerpo. Voz que batiendo los brazos se abre espacio
entre la multitud. Es un halcón de palabras. Está perdido
en Brooklyn. Tiene que nevar y pronto, o el gigante lloverá
tanto que el día se caerá de la noche como un brazo cortado.
    Yo te quiero: me alimentas de una ostia imposible.
    Yo te quiero: escucho tus alas que se rasgan
      en atropellado vuelo por el hondo túnel de mi pecho.
          ¡Avanza, avanza, pajarito santo!

Third

There is spurious mourning, night of the night. There is a tree flayed by a giant. There is a cracked vessel on an avenue of laurels. Someone taller than this house writhes in a cry that disjoints the neighborhood. There are crepuscular faces that break the day then suffer their race. They twist at the waist like a wave, they shriek like birds in heat. I hear your voice saying its say. I hear its will railing through my body. Voice that, flapping its arms, hacks through the crowd. It's a falcon of words. It is lost in Brooklyn. It had better snow and soon, or else the giant will rain so hard that the day will drop from the night like a lopped-off arm.

    I love you: you feed me from an impossible host.

    I love you: I hear your wings tearing apart

      in frenzied flight through the deep trench of my chest.

           Hurry, hurry, holy bird!

Nocturno

a Oriana & sus noches en Brooklyn

Paloma, luz azulada que sobrevuelas el brusco mundo: tu agua duele porque se parece al llanto; el llanto quema porque nos recuerda sollozos que preceden a la existencia del agua. Esta moneda no es de este mundo ¡Cómprame un planeta con ella! Paloma azulada, luz repentina. Te pagaría por un día de lluvia, te pagaría con aquella luna que tiene a un héroe en una cara y a un ave del otro. Ese animal del espíritu me rastrea con su infalible olfato: sabe que la ola se tragó todos mis rostros y espero en esta orilla a que me devuelva por lo menos uno, con el que pueda recoger a mi hija de la escuela. Con esa cara cruzaré la calle y con la moneda compraré leche. Esto haré antes de que inicie el mundo y su llanto inagotable. Lo haré esta tarde y lloverá, entraré con esa única cara y la leche que me darán por esa moneda tendrá la blancura de cosas aún por existir. Cosas que un día se llamarán diente, espuma, hueso, página. Y la beberemos asaltadas por presentimientos, bajo parvadas que revientan dibujando la noche.

Nocturne

To Oriana and her Brooklyn nights

Dove, bluish light flying over the rough world: your water stings because it is like crying; crying burns because it reminds us of sobs that predate the existence of water. This coin is not of this world. Buy me a planet with it! Bluish dove, rude light. I'd pay you for a day of rain, I'd pay you with that moon that has a hero on one face and a bird on the verso. That spirit animal tracks me with its infallible sense of smell: it's aware that the wave has swallowed every one of my faces, that I'll wait on the shore until it gives me at least one of them back, the one I wear to pick up my daughter from school. With that face, I will cross the street and use the coin to buy milk. I'll do this before the world begins, with its endless sobbing. I'll do it this afternoon, and it will rain. I'll walk in, with my one face, and the milk they'll give me for that coin will have the whiteness of things yet to exist. Things they will one day call *tooth, foam, bone, page*. And we will drink it, stormed by presentiments, under flocks that break upward, drawing the night.

Sombra

Vi pasar a una rata. O la sombra de un murciélago volando bajo. Era algo. Una evidencia de un mundo de texturas callosas. Todo esto ocurría en un barrio de tlapalerías. Otro día en una playa cubierta de chapopote recordé al murcielaguito muerto a bala, una sola en la frente peluda cuando su orgulloso cazador balanceaba aquel negro cuerpecillo simétrico frente al brillo de su gran panza desnuda. Si esto fuera a dar a una novela habría que contar qué hacía yo ahí en el trópico cuidando la gangrenada pierna del cazador y por qué su mayor orgullo posible era haber cazado un murciélago bebé: "Mis ojos son mejores aún que los suyos," decía ufano. Hay novelas donde un hombre huesudo, de frente limpia, recuerda una infancia sin sangre mientras maneja sobre una carretera rodeada sólo por nieve. Y él piensa que una mujer es su dilema, amarla o temer al volumen rojo de su cabellera ondeante. Escarlata sobre blanco, la novela es sobre ella. Esto ocurre al norte. Y hay un gran agujero en el polo sur y hay cazadores como el mío acechando el paso del nuevo oro. En la tarde las bandadas de garzas pueden ser vistas como bandadas de murciélagos que han dejado de necesitar la noche, porque el nieto de un general inglés (mi padre) cree ver a estas criaturas siempre a toda hora y cree triunfar sobre los siglos de evolución de su sofisticado oído. Y entonces todo se desborda de la novela como harán por desgracia las vertiginosas aguas del deshielo. Los caminos anegados, los cielos negros de alas prehistóricas y ella—como una ostia en la lengua—la amada del limpio automovilista se disuelve hacia la ciencia ficción de la que yo provengo.

Shadow

I saw a rat pass. Or the shadow of a bat flying low. It was something. Some evidence of a world of callous textures. It all happened in a neighborhood of hardware stores. Another day, on a tar-streaked beach, I remembered the little bat shot dead, one bullet through its furry forehead, when the proud hunter balanced its black, symmetrical body on the pallor of his big, bare belly. If I used this in a novel, I'd have to say what I was doing in the tropics nursing the hunter's gangrenous leg, and why his proudest feat was to have killed a baby bat: "My eyes are better than theirs," he gloated. In some novels, a scrawny man with a clean forehead remembers his unbloody childhood while driving on a road through nothing but snow. He thinks his problem is a woman, whether to love her or fear her red bundle of undulant hair. Scarlet on white, the novel is hers. It all happened in the north. And there's a big hole in the South Pole, where hunters, like mine, prowl for new gold. In the evening, flocks of herons can be taken for bats that no longer need the night, because the grandson of an English general (my father) swears he sees them at all hours, that he outrivals the keen ear they evolved for centuries. And the novel spills over, like dizzy meltwater, regrettably. Flooded roads, the black skies of prehistoric wings, and she, the clean motorist's sweetheart—like a wafer on the tongue—dissolves into the science fiction from which I come.

En primer plano

Delante de mí ellos cuatro que me ven. Una astronauta, una pastora-poeta, un pianista de pueblo, una mujer en pieles que se sostiene la barbilla con la palma de la mano. Es mejor que les hable a ellos, que los tuteé: Ustedes han visto el espacio o han amado el espacio. No les falta furia y descalzos parecen más perceptibles y a la mano que el pan recién horneado Están demoledoramente tristes, como yo. Pero creen en algo casi como la sal. Tú que eres el segundo de la derecha has atado tu corbata de lunares como una tarea importante. Como tu fusilamiento predicho ya por ti mismo, en un poema. Tú, la astronauta que estás totalmente a la izquierda sonríes como una niña porque estás a punto de despegar, conocerás la luna desde arriba y eso que será para siempre incomunicable tendrá sólo registro en la misteriosa expresión con la que volverás. Me detengo un rato en cada uno de sus ojos (todos casi negros) y la claridad mental me abarca como un día de octubre: todo es atmósfera. Ya no miro las fotografías para pensar en ti que no estás frente a mí ni con ellos: Pienso en el silencio de tu cuerpo que me aclaró la semejanza entre las cosas, y enseguida lamento las violentas corrientes adversas que alzan olas como edificios contra niños que huyen en los puertos, lamento las rutas que nunca se cruzan y sobre todo lamento el amor imposible.

In the Foreground

The four who face me, glaring. An astronaut, a shepherdess-poet, a village pianist, a woman in furs who rests her chin on the palm of her hand. It would be better to address them, familiarly: You have all witnessed or loved space. You're no strangers to fury, and with your bare feet, you seem more visible and at hand than freshly baked bread. You're crushingly sad, like me. But you have faith in something almost like salt. You, second from the right, have tied your polka-dot tie like a solemn rite. Like your own execution, which you predicted in a poem. You, the astronaut on the far left, smile like a child because you're ready to launch. You'll know the moon from above, and that knowledge, incommunicable, will be recorded only in the odd expression you wear when you return. I linger for a while in your eyes (almost black), and clarity engulfs me like an October day: everything is atmosphere. I've stopped looking at pictures to think of you, of how you're neither in front of me nor with the others: I think of your body's silence, which clarified the likeness of things, and suddenly I regret the adverse currents raising waves like buildings to block the kids from escaping the ports, I regret paths that never cross, and I regret, above all, impossible love.

sed

Veo una cacería, un rastro de órganos.
Aún en este museo hay pájaros que huyen y su chirrido ronda
el espacio escribiendo fragmentos de su fuga.
La sed revienta a los caballos
y la persecución se coagula en la pintura que miro.
Todavía no es de noche y ya tengo las manos preparadas para el sueño.
El mundo en el que me desplazo, ha vuelto su cara hacia la tuya.
Es la hora en que recuerdo los dientes que no perdí en tu cuello.
En que recuerdo cómo lo que no ha ocurrido me ha devorado:
que soy tu página, que mi espalda es el dorso de tu mano.
En mi frente la fuga avanza por bosques de cerillas
quemando las puntas de dedos inocentes.
En el estanque se congela la luna
hasta recuperar su condición de moneda.
La canción de la fuga cuesta un saco de centavos.
Los que huyen pagarían con sus órganos
por salir de este círculo.
Hasta la Vía Láctea es jaula de canarios. También la luz encierra
al disponer el orden de los objetos de mi celda.
Hay palabras que derrotarían cauces
y mi garganta sería resucitada por tus ríos.
La sed sigue en el cuadro.
Siguen las piedras que se raspan en calles de monedas perdidas.
A través de la mesa miro el edificio
de murmuraciones reunidas en el mínimo espacio
que hay entre tu ceño y tu fleco.
En la cocina se calienta un guisado que emborrona de vapor tu cara.
En la canción que aún no existe hierve el cordero.

thirst

I see a chase, a trail of viscera.
Even in this museum, there are runaway birds, and their chirping encircles
the place with fragments of their escape.
In the painting, horses rupture with thirst,
and the hunt clots before my eyes.
It isn't night, but my hands are ripe for sleep.
The world I roam has turned its face to yours.
This is the hour when I remember the teeth I didn't leave in your neck.
And how I was devoured by what didn't happen:
because I'm your page, because my back is the back of your hand.
On my forehead, they run through forests of matchheads
that singe the fingertips of the innocent.
In the pond the moon freezes
to be reclaimed as a coin.
This flight song costs a bag of pennies.
The runaways would pay with their bodies
to leave this circle.
Even the Milky Way is a canary cage. Light also imprisons
by altering the order of objects in my cell.
There are words that would beat streams, and
your rivers would revive my throat.
Thirst is still in the picture.
There are still pebbles that frazzle streets of lost coins.
Across the table, I stare at the edifice
of murmurs bound in the space
between your eyebrows and bangs.
In the kitchen, steam from a warming stew blurs your face.
In the song soon to exist, the lamb boils.

Acerca del sobreviviente

On the Survivor

Tell yourself there's no need to regret: Ronsard
and Baudelaire before me sang the sorrows
of women old or dead who scorned the purest love.
When you are dead
You will still be lovely and desirable.
I'll be dead already, completely enclosed in your immortal body,
in your astounding image forever there among the endless marvels
of life and eternity, but if I'm alive,
The sound of your voice, your radiant looks,
Your smell the smell of your hair and many other things
will live on inside me.
In me and I'm not Ronsard or Baudelaire
I'm Robert Desnos who, because I knew
and loved you,
Is as good as they are.
I'm Robert Desnos who wants to be remembered
On this vile earth for nothing but his love of you.

Robert Desnos, "No, Love Is Not Dead,"
Translated by William Kulik

Antes de vivir

Todo muro es una puerta.

Emerson

La vieja Luna volvía. La ventana estaba abierta y mi cuerpo muerto en el sueño. Ella consigue alumbrar dentro, escurrirse en las grietas de mi cerebro. Ilumina la escena, la vieja Luna tan vieja. Ella vuelve, yo parto. Yo seré un cuarto oscuro para que vuelva. Seré sólo de ella. Un cuarto oscuro, una niña primero inmóvil y más tarde una niña que cae de una azotea. Podría ser una canción. Un sueño de huesos rotos, de huesos luna. Tú sabes que la nieve está implícita en la escena porque nos estamos helando. Tu cara y en especial tus ojos se asoman al espacio. Una constelación huérfana que hace el ruido de una sonaja, eso pienso que son tus ojos mientras sueño inmóvil. La Luna renguea y la constelación huérfana son dos soledades y por lo mismo luces y canciones por existir. Primero tus ojos, luego los años del mundo y de estas orfandades tomo la respiración para murmurar algo. Yo me voy y por eso ella vuelve. Viene llegando por el mismo sendero por el que nos dio la espalda y mirando cómo la Luna regresa destrozaré el piano y el polvo de sus huesos sonará triste y esa posible canción será reiterativa como un canon. Esparcido el polvo será algo en la noche, sin padre ni madre. Eso, lo que sea que eso sea, sonará como un lamento, y me salvará. Esto intuyo mientras el agua de su luminiscencia construye riachuelos mínimos en mis tierras desconocidas.

Before Living

Every wall is a door.
Emerson

The crone Moon was coming back. The window was
open, my body dead asleep. Somehow she lights me from
within, slides into the clefts of my brain. She lights the
scene, the crone Moon, senescent. She comes, I go. I'll be
a dark room for her return. I'll be hers alone. A dark room:
first a motionless girl, then a girl tumbling off a flat roof.
It could be a song. A dream of broken bones, moon bones.
You know that snow is implicit in the scene because we're
freezing. Your face, especially your eyes, surface in space.
An orphan constellation that shakes a rattle, that's how I
see your eyes when I dream, motionless. The limping Moon
and orphan constellation are two solitudes, and at the same
time, inchoate lights, songs soon to exist. First your eyes,
then the eons of the world and orphanhood, I take a breath
to mutter something. I'm leaving, that's why she's coming.
She returns on that road where she once turned her back
to us, and watching her return, I'll wreck the piano, and the
dust of its bones will sound mournful, and that possible
song will replay like a canon. Strewn, the dust might make
something of itself at night, with no father or mother. And
that, whatever it is, will resemble a lament, and it will save
me. Or so I suspect, as its wet luminescence cuts creeks
through my uncharted lands.

Antes de abrir las jaulas

Entran sus manos por el resquicio de la puerta. Sus manos, las de ustedes, sus manitas de cuando eran niños, sus manitas del día anterior. Por ahí se vislumbra la larga lengua de camello que en el horizonte roza la hora final. Va a caer el sol y ella va a liberar a los pájaros. Ahora aguarda a que los lobos se terminen la carne. Los conejos de la jaula se apilan por miedo haciendo una nube. Todo es triste y gracioso, también esto, que ocurre lejos de mares que se secan y acantilados teñidos de yodo. Es un suburbio tapizado de cables. Una montaña de guitarras rotas espera en el baldío a ser llevadas a otro baldío. El monstruo ha hecho su casa detrás de ellas. No es una casa en realidad, es imaginaria. Yo tuve una casa igual en la ciudad plateada, donde recorría las calles salinas y donde por la noche las crías de murciélagos chillaban como ahora aúllan los lobos. También entonces esperaba para liberar a los pájaros como lo hacen los niños en Estambul: para celebrar algo olvidado. Aquí hay que esperar, allá también y aún dentro del que era el mar, en su gran cuenca vacía que se llenó de nieve en tu página y que tú, amigo mío, alcanzaste a cruzar de la mano de tu hermanita, aquel día después. Mientras ustedes esperaban, otros lobos se demoraban una eternidad en la carne de los cadáveres recientes.

Before Opening the Cages

Your hands appear through the crack of the door. Your hands, all of them, your little hands when you were children, your yesterday hands. Flash of the long tongue of the camel that, on the horizon, grazes the final hour. The sun will set, free the birds. Now you wait for the wolves to finish their meat. The rabbits in the cage huddle fearfully, forming a cloud. Everything is sad and hilarious, even this, which happens so far away, far from the drying seas and iodine-stained cliffs. In a suburb upholstered with cables. A mountain of broken guitars waiting in the waste to be hauled to another waste. The monster has made his house behind them. It's not really a house; it's pretend. I had a house exactly like it once, in the silvery city, crossed by salty streets, and at night the baby bats shrieked like the wolves howl now. Back then, she waited for the birds to fly free, like the kids in Istanbul: to feast something forgotten. You have to wait right here, and over there too, and even inside of what used to be the sea, in its gaping pit stuffed with snow on your page, the pit you crossed, my friend, with your little sister by the hand, one day later. While you waited, several wolves lingered forever in the flesh of fresh cadavers.

Abendstern

El hielo se destroza en masas tales que parece libre tanto de ataduras moleculares como de aquellas que pudieran ser atribuidas a los sentimientos. En realidad todo está atado, nudos de aire perforan con sus dientes cosa a cosa, la cópula al cáliz, la loma a la ola. Un hombre que años más tarde será amigo mío ha salido de su casa y antes de que sólo se le vea de espaldas unos peces cayeron por violencia de su boca. El camino que sube y gira en elipse es el que ha tomado. Mercurio, Venus, planetas de mi infancia, escuchen esto: yo lo quise antes de conocer la ternura. Yo los quise cuando los vi en un libro mientras estallaban los cristales de mi casa, cuando los glaciares se rompían contra la hermana agua. Una película basada en un historia verdadera puede ser revertida, los gestos repetidos: mirarlos imita la intimidad. En la vida real la ronca armonía de *Abendstern* es el tema de mi película. La primera canción que conocí también me fue cantada en alemán, en ella yo era un jinete destinado a caer. Aunque Stern es *estrella*, es también el verdadero nombre para la palabra *alma*. Nadie lo sabe, por eso tengo que escribirlo. En mi vida real escuché "la estrella de la tarde" con Luz, la abuela copista. Ocurrió en un salón donde la luz se desplazaba en óvalos y te encerraba en un huevo. Ahí dos palomas, una vieja, por morir y otra joven que quería morir, escuchaban el deshielo, su musical y temible quebradura, los agotados huesos del día que al romperse revelaban a la primera estrella. En cuanto termine de escribir esto voy a galopar de órbita en órbita, por la Avenida República, al lado del poeta. Aún escribo para recordar que en un crepúsculo escapó del vientre de un barco y corrió de un pueblo a otro logrando sobrevivir. Aún se ve el trazo diamantino de su fuga.

Esta página es para él, para celebrar su libro y su boda.

Abendstern

The ice shatters into chunks, so it seems equally free of molecular bonds and those owing to emotions. Everything is, in reality, bound. Knots of air stab things together with their teeth, copula to chalice, hill to wave. A man who would years later be my friend has left his house, and before you can see him only from behind, fish gush violently from his mouth. He chose the road that climbs and spins in an ellipse. Mercury, Venus, all my childhood planets, listen to this: I loved him before I knew tenderness. And I loved them when I found them in a book, when all the crystal in my house shattered, when the glaciers crashed into their sister water. A film based on a true story can be reversed, its gestures repeated: to watch it mimics intimacy. In real life, the raucous harmony of *Abendstern* is the subject of my film. The first song I learned was sung to me in German. In it, I was a rider doomed to fall. Although Stern is *star*, it is also the real word for *soul*. Nobody knows that, so I have to write it. In my real life, I heard "the evening star" with Luz, my copyist grandmother. It was in a room where the light traveled in ovals and locked you in an egg. There two doves, one old, dying, and another, young, wishing to die, were listening to the snowmelt, its fearsome musical crack, the weary bones of day that, snapping, reveal the first star. Once I finish writing this, I'll gallop from orbit to orbit, along the Avenida República, at the poet's side. I still write to remember when, at twilight, he escaped from the belly of a boat and ran from town to town, and made it out alive. The diamantine trace of his flight is still visible.

This page is for him, in celebration of his book and his wedding.

Esto ocurre sobre el disco
y es también una canción

La luz tan matinal hiere mi puerta: Mi corazón palpita
como el de una rana, virado hacia el amarillo en un hospital
quimérico. Sobre una plancha late. Hay poca esperanza y la
que hay hace que los médicos presentes recuerden a aquel
delfín de pico largo que se nos extinguió antes de que se
nos extinguiera el siglo. Yo misma estoy en suspenso, cada
noche, en cada sueño en que encuentro mi corazón en una
avenida y la suerte me permite distinguir que es mío. Lo
recojo. Lo coloco en una bolsa, lo llevo a emergencias. La
Vía Láctea, en la que nunca pienso, estaba posada sobre la
ciudad. Y leo que tu corazón recién nacido en un poema
va latiendo velocísimo como el de un conejo junto con
una humanidad exangüe, hasta un sitio donde tu padre los
espera. Tu padre cuando estaba vivo. Algo se curva en el
mundo, como las rodillas de los que rezan, el gran espacio
da la vuelta y su brazo te mece, niño de las palabras. Ni tú
ni yo conocimos a tu padre. Lo conoce el poema. Ni tú ni
yo hemos visto nuestros corazones. Los han visto los sueños
y sus hijos e hijas en forma de palabras. ¿Podré salvarlo?
¿Estaré a tiempo? Corro por las avenidas y me lo pregunto,
me lo pregunto, como un disco rayado, un disco-planeta,
negro en el cielo negro.

This Happens on a Record and It Is Also a Song

Light so early it pains my door: My heart flutters like a frog's, leaning toward the yellow in a chimerical hospital. It beats on a metal pan. There is little hope, and what little there is only reminds the doctors of the long-nosed dolphin that went extinct on us before the century did. As for me, I'm edgy every night, every time I dream that I find a heart on the street and, by chance, I know it's mine. I pick it up. I put it in a bag and carry it to the emergency room. The Milky Way, which I never think about, perches over the city. And I read that your heart, newly born in a poem, is thumping as fast as a rabbit's, next to a bloodless humanity. They reach the place where your father is waiting. Your father when he was alive. Something curves in the world like the knees of those who pray, the great expanse bends and rocks you in its arm, boy of words. Neither you nor I knew your father. The poem knows him. Neither you nor I have set eyes on our hearts. Our dreams have seen them, and the sons and daughters of our dreams, shaped like words. Will I be able to save him? Will I get there in time? I run through the streets and ask myself, over and over, like a broken record, a record-planet, black in the black sky.

Pan, espejo y paisaje: tres cartas

> Los elementos de la naturaleza se intercambiaban sus
> propiedades, lo mismo que en un arpa las cuerdas cambian
> el carácter de la música siguiendo el mismo tono.
> *Metamorfosis de la creación, Libro de la Sabiduría, 19:18*

El viento tras la ventana. Yo como testigo del brillo platinado de las ramas que se doblan, del destino que espera. El paraíso se proyecta en el cine ahora mismo (tal vez te vea y vayamos juntos). Las palmeras en línea, el público, los huesos, reunidos en una misa fúnebre o en un bautismo. Ojalá, hoja de olivo. Jala aire y toma en cuenta que la vida a veces nos perdona y nos permite mirar montañas, tomar sopa en la misma mesa.

En nieve o en sol, somos de maíz.

≈

Ya se fueron, ahora mismo me rodea el manantial, el aire, y los tabachines que también estuvieron en torno suyo. El sitio parece vaciado de algo, son ya retratos de cosas y no las cosas. Es porque se han ido. Las estacas de bambú se estiran y sus crestas hacen un ruido de pájaros. Hombro a hombro se rozan las ramas y eso intensifica su ausencia. Es como si fuera domingo: sólo el pan está lleno de sí mismo. Y también es tuyo. Siempre ha sido el mismo. Yo no oigo la canción de una radio remota porque como te digo las crestas de los bambús están desatadas. Este es un territorio de huracanes. Es el golfo. Nadie aquí tiene cuerpo. Como yo. Tú sí tienes cuerpo y una novia como dos peces azules. Abajo del tabachín miro el pan, lo huelo. Cuando pienso en ti, pienso en un montón de trigo apilado. Entonces veo tu mano que tiembla, veo tu país en un espejo.

Bread, Mirror, and Landscape: Three Letters

> For the elements changed places with one another,
> as on a harp the strings vary the character
> of the music, while preserving the same tone.
> *Metamorphosis of Creation, Wisdom of Solomon*, 19:18

Wind at the window. And me, as witness to the platinum shine of branches that bend, to fate looming. They're screening paradise at the movies now (maybe I'll run into you, and we can go together). Palm trees in a row, the audience, the bones, huddled at a funeral Mass or baptism. With any luck, an olive leaf. Suck air and consider that life sometimes forgives and lets us gaze at mountains, sip soup at the same table.

In snow or shine, we are made of corn.

≈

They left. Right now I'm encircled by the same spring water, air, and caesalpinia that also surrounded him. The place feels drained, of something; these are already the portraits of things, not the things themselves. It's because they left. Bamboo thrusts up its stakes, and its crests sound like a bird. Shoulder to shoulder, the branches scuffle, and that only intensifies his absence. As if it were Sunday: only the bread is self-possessed. And it is also yours. It has always been the same. I don't hear the song on a faraway radio because, like I said, the bamboos have unleashed their crests. This is hurricane territory. It's the gulf. Nobody here has a body. Like me. You do have a body, and a girlfriend: two blue fish. Under the caesalpinia. I look at the bread, I sniff it. When I think of you, I think of tons of stacked wheat. Then I see your hand shaking, I see your country in a mirror.

≈

Se fue a Betania tras decir "de la boca de los niños de pecho has sacado una alabanza". El espacio que dejó es un paisaje nevado. En una calle bulliciosa donde el ruido evocaba el color escarlata vi salir de tu boca palabras del Apocalipsis. Las calles de piedra parecían un pensamiento primitivo. Se asoma a la ventana un ciento de ojos. Se fue a Betania, le ondeaba la mata de cabello al viento. Ahora sostiene un mundo escarlata, serenamente, en una pintura del museo. Él es el ruido de una escoba en una iglesia. Tú estás ahora en el espejo de tu país. Herido de azul. Miras pasar las nubes bruscas que contienen llantos de recién nacidos. Retienen su hambre. La higuera del cielo sigue seca. El pecho de su madre está en el mundo. Su leche en la nieve. La madre come pan afuera de tu ventana. Los que paleaban la nieve se han ido, pero mi corazón alcanzó a ganar tanto ritmo como para seguir latiendo. Recuerdo la página, "amarás con toda tu mente". Y mientras miro nevar sé que la mente es un paisaje en el Golfo, un paisaje donde las casas de pan son desmigajadas por huracanes. Huracanes con nombres de niño. En su horizonte se quiebra la línea rosa de los flamencos. Él ha vuelto de Betania, la higuera sigue seca, en la aldea el olor de las panaderías inunda las calles, los perros se ladran entre sí, desde sus azoteas. El azul desplaza al escarlata y en su tono cobalto yo imagino tus heridas. Las imagino con la mente. Con toda mi mente.

≈

He went to Bethany after saying, "From the mouth of infants and nursing babes, you have perfected praise." The space he left is a snowy landscape. On a rowdy street, where the noise invoked the color scarlet, I saw, straight from your mouth, the words of Revelations. The cobblestone streets resembled a primitive thought. A hundred eyes appear in the window. He went to Bethany, mane billowing in the wind. Now he clutches a scarlet world, serenely, in a painting at the museum. He is the sound of a broom in a church. Now, you're in the mirror of your country. Wounded with blue. You watch the passing clouds, full of the keen cries of newborns. They retain their hunger. The fig tree of heaven is still dry. His mother's breast resides in the world. Her milk, in the snow. His mother eats the bread outside the window. The snow-shovelers left, but my heart mustered the speed to keep beating. I remember the page, "you will love with your whole mind." And as I look at the snow, I know that my mind is a landscape in the Gulf, a landscape where the houses are bread crumbled by hurricanes. Hurricanes with children's names. On the horizon, the pink line of flamingoes breaks. He has returned from Bethany, the fig tree is still dry. In the village the smell of bakeries fills the streets, dogs bark at each other, from their rooftops. Blue turns scarlet, and in its cobalt tone, I picture your wounds. I picture them with my mind. With my whole mind.

Movimientos

Movements

All shattered writing has the form of a key.

Edmond Jabès, *The Book of Questions,*
Translated by Rosmarie Waldrop

Primer movimiento (la quema)

Es así como se cierran las puertas: un auto detenido por años sale de su asilo. Deja al vacío. Se derrama la luz hacia adentro, por las fracturas del establo. Tal como el auto avanza por fin, cae el rostro ampliado de un anuncio. Llueve sobre el nuevo trayecto y sobre la inmensa boca roja, sobre la intensa cara triste. El hombre que va en el auto piensa en la mujer del anuncio. Ese perfil le recuerda a alguien. Relámpagos. Un monte en la distancia. Adentro del auto hay cosas tangibles que angustian a ese hombre real: no consigue sintonizar la radio, descubre un libro húmedo sobre el asiento. Huele a tierra mojada, a madera, a la ropa de su madre que él recogió en el hospital. Huele a algo tan humano, ahora mismo cuando en el monte el rayo incendia al olmo. El árbol es el poema y como él, es una inteligencia que se pone de pie, erguida. La colina en llamas anticipa la liberación de los caballos. Veloces son los pensamientos del que mira el fuego desde su automóvil: *Con la lluvia se han cubierto de vapor los cristales, avanzo en mi madre, tal vez yo tenga corazón de perro, eso pensé cuando ella vivía, ahora este coche huele a ella, que aún existe en un libro húmedo, ya sé quién es la mujer del letrero, esa nariz, esa frente ¿la conocí?* Al abrir la ventana, el vapor escapa como de una tetera hirviendo, y entre esa niebla se ven las caras, las ventanas innumerables, el anuncio roto, un tocón de olmo al rojo vivo. Una estampida de palabras queda carbonizada. Atrás el establo donde aparcaba su auto, donde aún ocurre algo, el oro de la luz, aún, aún. En el pasado un cuello largo, una cabeza que balancea unos ojos tristes, trotes, la radio sintonizada en una estación de boleros y un libro mientras está siendo leído. Es así, todavía.

First Movement (The Burning)

This is how doors close: a car parked for years flees its asylum. Quits the void. Light trickles through chinks in the horse's stable. The moment the car finally budges, a magnified face peers down from a billboard. It is raining on the fresh departure and the huge red mouth, on the intense sad face. The driver wonders about the woman on the billboard. That profile reminds him of someone. Streaks of lighting. A hill in the distance. In the car, he's aggrieved by tangible things: he can't quite tune the radio, he finds a wet book on the seat. It smells like dank soil, like wood, like his mother's clothes that he brought home from the hospital. It smells like something exceedingly human while, on the hill, a bolt of lightning sets fire to an elm. The tree is a poem and, like him, an intelligence that hurries to its feet, erect. The flaming hill sets the horses loose. Stroboscopic thoughts of the man watching the fire from his car: *With this rain crystals fog up, I'm lost in my mother, maybe I've got a dog's heart, like I thought before she died, this car smells like her, like she's alive in a wet book, that woman on the sign is familiar, that nose, forehead—do I know her?* As the window lowers, fog seeps out, as if from a steaming kettle, and in the haze are faces, countless windows, the cracked billboard, the elm's red hot stump. A word stampede is carbonized. Behind the stables where his car was parked, where something is still happening, the gilding of light, still, still. In the past, a long neck, a head that balances a pair of sad eyes, trotting horses, the radio tuned to a boleros station, and a book in the attitude of being read. It's like that, even now.

Segundo movimiento (del traductor)

de Forrest Gander

Si me vieras ahora mismo me verías dormir. Me verías
llorar mar adentro. Eso te decía yo al leer sobre el papel,
en trazos de espuma tu poema japonés. Las ventanas
están cubiertas de un ligero vapor y dos mazos de rosas
anaranjadas amanecieron como peces que se agitan en una
pecera sin agua. Esta es la escena, el invierno cede y retira
sus uñas largas de mi puerta. Así me duermo, así escuchó
la respiración de mi hija, los aviones ocasionales, la piel
negra que vacía su pulmón de ave canora este domingo. Es
muy temprano. Anoche traté de encontrar palabras más
justas para tu poema que zumba en el verano. *Clangor of
Light* es el sonido que hacen los metales y la luz que emana
de tal cosa. Lo hemos visto y oído, es cierto o visible lo
que escribes, van por la calle en desfiles de niñas con sus
panderos que absorben y arrojan luz al chocar entre sí. Qué
largo es decir y decir, qué calle más interminable es la de
todo lo que no es poesía. Aquello lo vi como un *címbalo
de luz* y ahí lo puse, en esos extraños pies de página que
has colocado en tus poemas como zapatos de niña. Miro
el vaho en la ventana que desdibuja a mis vecinos que van
de sombrero a cantar a la iglesia de al lado. Miro el sueño,
las olas del sueño. Habías escrito un poema en japonés, un
poema que al intentar leerlo te oía decirlo y el mar empujaba
su masa verde y se adelgazaba en filamentos. Era un poema
de abandonada tristeza y era evidente que los gusanos de
la melancolía andaban sueltos en la playa. No había nada
subterráneo que no fuera la roca de la que está hecho el
mundo. No había miedo al sentimentalismo de hablar
del mar porque la palabra estaba a salvo en otro idioma.
Había frases metálicas que chocaban entre sí y un sucesivo
resplandor, en olas. Pronto yo tendría que aceptar que era
incapaz de traducirlo, el poema tomaría su rumbo de barco
y se iría achicando en el horizonte. Eso me hizo llover en

Second Movement (From the Translator)

If you could see me right now, you would see me sleeping.
You would see me weeping, out to sea. That's what I told you
when I was reading, on paper, in foam lines, your Japanese
poem. The windows choked with light fog, and two bundles
of orange roses awoke like fish fluttering in a waterless
tank. This is the scene: winter fades and withdraws its long
fingernails from my door. This is how I sleep, how I tune to
my daughter's breathing, the occasional airplane, black skin
that empties songbird lungs on Sunday. It is very early. Last
night I tried to find better words for your poem that whirs
in summer. *Clangor of Light* has the sound of metals and
also the shine. So we've seen and heard. What you write is
true or visible, it parades down the street with girls beating
tambourines that beckon and release light. How tedious to
repeat it, what road could be more endless than the road of
everything that's not poetry. That's how I pictured *cymbal
of light*, and I wrote it down, at the odd feet of your pages,
which you leave like the shoes of little girls. At the window,
I see my breath, which fogs the image of my neighbors
starting out in hats to sing next door at church. I watch a
dream, the waves of a dream. You wrote a poem in Japanese,
and as I read it, I heard you speak, and the sea heaved its
green bulk and thinned into filaments. It was a poem of
sad abandon, and the worms of melancholy wriggled freely
on the sand. Nothing underground but rock erecting the
world. There was no fear of sentiment in saying sea, the
word was safe in another language. There were metallic
sentences that crashed together, and a successive brilliance,
in waves. Eventually I'd have to accept that I couldn't
translate it, the poem would set off like a ship and be gone,
dwarfed on the horizon. The thought of it made it rain in
my dream, and it was darkly clear that the rain was me, the

el sueño, estaba claro y oculto a la vez que la lluvia era yo, el poema se alejaba y yo no había dado con las palabras justas. Ahora la calle se ha llenado de pájaros negros que esperan a la puerta de una iglesia, bajo el agua. Una niña sin zapatos ha aparecido en el dintel de la puerta, y ya, otra vez, todo es subterráneo.

poem was pulling away, and I hadn't found the right words. Now the street is full of black birds, lurking at the church door, under the downpour. A barefoot girl appears in the lintel, and then, once again, everything is underground.

Tercer movimiento (el sobreviviente)

de Raúl Zurita

Han acercado sus cuerpos al fondo de las barcas, han apoyado las costillas a los maderos. Son remeros, serán sobrevivientes. En una esquina izquierda y superior del cuadro se ve una escritura, tal vez un poema. Está escrito en el cielo, en un cielo de piel o de pergamino. Es el cielo de todos modos. A lo lejos se ve un monte nevado aunque imposible que los prisioneros lo vean, están pegados a sus barcas de bambú, reventando sus tendones y sus dientes, apretando la vida en un puño, reteniéndola. La nieve es color hueso porque es de hueso. Humana es la nieve y humano el mar, humano todo por donde pasó un sobreviviente. Humano el cielo escrito. Humano tú, querido amigo. En el mar se disolvieron horas de lucha y encierro. Horas verdes y azules, crueldades cometidas a la luz de la luna. Testigo el monte: de los brazos rotos, de la fatiga. Muda la noche y la luna. Mudo tu país: todo moneda, alma de piedra. La pintura tiene un sello color lumbre, un pico de pájaro. *¿Viviré?* me preguntó si es eso lo que pensaste. ¿Cómo es que te soltaron las olas mercenarias y volviste con la cara en llamas hasta la hora en que yo vivo? Esos poemas que vuelven cuando la marea baja sobreviven con su sangre de vaca. Destazada en el cielo, ella chorrea sus palabras. Abajo ahora mismo tú disuelves las monedas en tus manos, se queman en ellas los billetes que tiene escrita la palabra Dios. Son cinco mil los muertos que lo enmarcan. Yo no puedo ni pensar en que habrá un día donde el monte remoto y las olas más altas serán testigos de un mundo en que no existes. Te veo en el cuadro, remando. Veo en la página cómo hiciste relumbrar los pastos y cómo propiciaste la fuga de las vacas. Y de la mano de tu novia te veo azucarando el café. Si pienso en que no vives, no veo más. Aún cuando el poema dice *viviré* con los puños por delante, con la cara levantada. Es un gesto de osadía que le diste con tu sangre y con tu azúcar, con el hueso de tu pecho, con el temblor de tu ala

Third Movement (The Survivor)

For Raúl Zurita

They've tucked their legs under the boats, rested their ribs over the sides. Now rowers, later, they'll be survivors. In the upper left corner, there is writing, maybe a poem. It's penned on the sky, on a sky of skin or parchment. The sky, in any case. In the distance you can see a snow-capped mountain, though the prisoners would never see it, they are clutching their bamboo boats, clenching their teeth, tendons, fists, clinging to life. The snow is bone-color, because it is made of bone. The snow is human. Human, the ocean. Wherever a survivor has been is human. The penned sky, human. You, infinite friend, are human. In the ocean, hours of desperation and imprisonment melt away. Green and blue hours, moonlit cruelties. The mountain is witness: to snapped limbs, collapse. Mute night and moon. Mute, your country: its coins, its soul of stone. The painting's seal is the color of firelight, bird's beak. *Will I live?* you must have asked yourself. Why did the mercenary waves bring you back, with your face in flames, to the hour of my life? Poems that surface when the tide recedes, they live off your cow's blood. Butchered in the sky, they spurt words. Right now, in your hands, coins melt, bills burn, printed with the word God. Five thousand Chilean dead in the vignetting. I can't conceive of the day when this mountain and these waves will witness a world in which you don't exist. I see you in the picture, rowing. On the paper, I see how you glittered the grass, set the cows loose. I see you holding your girlfriend's hand. Over-sugaring your coffee. If I think of when you're not alive, I see nothing. Not even when the poem says *I will live,* holding out its fists, its head high. You made a bold move with your blood and sugar, with your breastbone, with the tremor in your left wing. There comes an imaginary point, a poem or woman or star the color of firelight that is purely illegible. It will be in a

izquierda. Habrá un punto imaginario, un poema o mujer o estrella color lumbre imposible de leerse. Ocurrirá en una película japonesa ya que tales son tus sueños. Ahora mismo el relámpago la ha desnudado por entero y soy yo quien se cubre la cara, quien no quiere leer semejante cosa.

Kurosawa movie, because that is the nature of your dreams. Right now the lightning has skinned it bare, and I'm the one who covers my face, who refuses to read such a thing.

Cuarto movimiento (el arrullo)

¿Cómo fue aquel mundo que tuvo al centro un roble
y en el que los dientes se esparcieron a su alrededor?
Las cortezas una por una se reúnen en la palabra
árbol, aunque por sí mismas sean soledades.

"Canción de otoño"

Yo había pensado que el sobrevivir la tempestad te había
asegurado un puesto en este mundo. Sí, ya sé que me
equivoqué, te lo dije en un poema ¿lo recuerdas? aquel
fragmento de un sitio ya sin ancla. Habíamos hablado de que
un cuerpo roto sólo puede ser imaginado en claroscuro.
Sin embargo llegó la hora en que vimos aquellos cuerpos.
Ese misterio de las sombras fijas absorbidas por la sangre
mientras que lo volátil era la luz. Escuchamos como un
rumiante mordía el pasto al otro lado del muro. Ya debía de
acercarse la noche cuando escuchamos un incendio, un crujir
de vigas al caer y el repiquetear del fuego que al final suena
como un bramido de ballena. Aquel era el poema y aquella
la habitación donde al tiempo que nos conocimos desnudos,
vimos a los muertos tan de cerca. Fue como una alucinación:
era nuestra familia. No salimos al mismo tiempo. Cuando
abrí la puerta, el verde de la siembra enmarcaba al mundo
tal como una boca enmarca la salida de la voz. Ante ese
campo de pastos verde esmeralda, todo el poema anterior
se fugó en un pájaro derribado a bala. Lo pensé y tal vez
tú también lo pensaste: una palabra fuera de su paraíso,
de su entorno natural, una palabra en exilio no puede ser
una palabra cantada. Rompiste la carta y te alejaste. En ese
sembradío supe que yo no tengo ninguna vaca que parezca
un pájaro, ni aves que laman mis heridas y que sólo si cierro
los ojos escucho un gorjeo. Santo, santo, santo. Y el tercero
es un pájaro que ha herido al cielo con su pico. Tuve que
irme, tenía prisa, tenía que tomar el tren. En el umbral de
las escaleras, como a la entrada de una boca carnosa había

Fourth Movement (The Lullaby)

> What was that world that had an oak at its center
> and teeth scattered around it?
> Pieces of bark gather one by one in the word
> tree, but by themselves they are solitudes.

"Autumn Song"

I thought that surviving the storm would win you a spot
in this world. Yeah, I know I was wrong, I even told you in
a poem—remember?—that *fragment from a now anchorless
place*. We were saying how a broken body can only be
imagined in chiaroscuro. But then it was our turn, to see for
ourselves. That mystery of fixed shadows soaked with blood,
where the fickle thing was light. We listened as a ruminant
chewed grass on the other side of the wall. Night must have
been falling when we heard a fire, the creak of felled timber,
and the pitter-patter of flames that, before long, roared like
a whale. That was the poem, and that was the room where,
the first time we saw each other naked, we witnessed the
dead up close. Like a hallucination: it was our family. We
didn't leave at the same time. When I opened the door, the
green of sown seeds framed the world like a mouth frames
the egress of a voice. On that field of emerald grass, the
whole poem fled, a bird knocked down by a bullet. That's
what I thought, and maybe you thought the same: a word
outside its paradise, outside its habitat, a word in exile, can't
be sung. You tore up the letter and left. On that sown field,
I knew I had no cow that might resemble a bird, no songs
to lick my wounds, and that if I only closed my eyes, I'd hear
a chirp. Holy, holy, holy. And the third is a bird that has
poked a hole the sky with its beak. I had to get out of there,
in a hurry, I had to board the train. At the threshold of the
stairs, like the opening of a fleshy mouth, lay a vagrant, half-
naked, maybe dead. The clouds huddled into orange cells.
My daughter called, *Look! Look up!* And I saw it, and maybe

un vagabundo semidesnudo y tal vez muerto. Las nubes se cerraron en células anaranjadas. Mi hija gritó *¡mira! ¡mira, arriba!* y yo lo vi y tal vez tú lo viste y al día siguiente lo vimos en los periódicos con la palabra *fenómeno* en el encabezado. Al bajar los escalones empezamos a ser el sueño de un ciego. Ancestralmente roto él duerme porque extraña ver... *¡Mira hacia allá! un cordero en la vía y su balido se extiende por la garganta por la que el tren vendrá, por la que el tren vendrá.* El balido sangra aunque sea voz, la voz es una bebida aunque esté hecha de palabras. *¡Mira allá! el rebaño, el rebaño unido en el resplandor de nieve de su lana, la luz del tren como una luna subterránea.* Te encontramos en el andén y aunque la tragedia era inminente vi tu cara, tu cara de ciervo, tus ojos de ciervo. Afuera por fin llovía y los sembradíos calmaban su larga sed, pero a nosotros nos esperaba un viaje. Queríamos salvar al rebaño y te hablé del poeta. Al hablarte lo vimos pasear por los campos que rodeaban su casa, y vimos como su cordero fue destrozado por unos cerdos grises sin que él pudiera evitarlo. El mismo cordero que se había frotado contra su pierna hacia un rato. La fuerza de los cerdos hambrientos es tan descomunal, lo leí te contaba y tú impotente, pero con definitiva ternura me diste la mano y así esperamos el tren. Yo sé que en un país de cuchillos esto no hubiera sido más que un coro de graznidos, un chirriar de dientes, una historia ordinaria, una noticia de muertes en una radio mal sintonizada. Pero para nosotros, amor mío, fue una canción y a la vez el secreto íntimo de la canción, su cuerpo de nieve que va a derretirse, su cuerpo de niña. Pronto, en la vía, se derramaría la sangre de los corderos, del aterrorizado rebaño que balaba, balaba...aún así para nosotros esta fue una canción y a la vez el origen de nuestras manos entrelazadas. Una balada y un balido que no serán cercenadas a bala, porque están siendo soñadas en el minuto herido.

you saw it, too, and the next day we saw it all in the papers, with the word *phenomenon* in the headline. Descending the stairs, we became a blind man's dream. Ancestrally broken, he sleeps because he misses seeing... *Look there! A lamb in the road, bleating, the sound trailing from its throat to the throat where the train is coming, to the throat where the train is coming.* Bleating bleeds, though it's a voice; a voice that's a drink, though it's made of words. *Look over there! The flock, the flock locked together in the snowy luster of wool, the light of a train like an underground moon.* We found you on the platform, and though tragedy was imminent, I saw your face, the face of a deer, doe eyes. Outside it finally rained and soothed the long thirst in the sown fields, but a journey awaited. We wanted to save the flock, and I told you about the poet. As I spoke, we watched him walk through the fields around his house, and we saw how the lamb was trampled, unavoidably, by gray hogs. The same lamb that had just brushed past his legs. The force of hungry hogs is tremendous, I told you how I'd read that, and you, powerless, with definite tenderness, gave me your hand and, like that, we waited for the train. I know that in a country of knives, it would have come to no more than a chorus of squeals, the stridulation of teeth, an ordinary story, the news of a few deaths on a badly tuned radio. But for us, love, it was a song, and at the same time, the song's most intimate secret, its body of snow about to melt, its body of a girl. Soon, on the road, blood spilled from the lambs, from the terrified flock that was bleating, bleating...even so, it was a song that serenaded us, and at the same time, our interlaced hands. A ballad and bleating that won't be split by bullet, because they're being dreamed at that very wounded minute.

Quinto movimiento (el sermón)

Roto el nudo, la fosforescencia se expande. Ocurrió hace años, ya habíamos cruzado las avenidas y su plata ardiente nos había quemado los pies. Para cuando yo dije *dime si estás desnudo, dime si ya has nacido, dime si el ombligo que te ataba está ahora bajo la tierra,* el canario azul de mi hija cayó a nuestros pies, pesando como una manzana y no nos fue posible revivirlo. Murmuras en mi oído y a pesar de su cercanía tu voz es un eco. *Dar vida es encender un tormento* eso es lo que me dices. Yo te sigo hasta el bosque, los autos aceleran —no siendo ya otra cosa que satélites en órbita—. Los árboles que emergen nos cercan como lo hacen los muros de una casa. Estás en el venado que se asoma y se retira. El lago pierde su resplandor bajo una gran nube que eres tú. Te desesperas, estallas y por fin hablas ahí de pie, ahí donde existes. Ya vienes de cerca, de tu propia garganta y tu aliento es una brisa templada. Los venados suben hacia un pequeño montículo. Arrojas una piedra al lago y los cisnes se desplazan como señoras pudorosas ante un cuerpo desnudo. Tus latidos se expanden en círculos. Alrededor del bosque, en las casas del barrio y la orilla de las ondas, en hoteles lujosos, los espejos tienes ligeros cortes, tal vez imperceptibles pero que han de avanzar como lo hacen las fracturas. *Y es porque vives* que en tus ojos de mortal se expande el resplandor de empezar a conocer esa tristeza.

Fifth Movement (The Sermon)

The knot broken, phosphorescence expands. It happened years ago. We had crossed the avenues, and their sweltering silver burned our feet. By the time I said *tell me if you are naked, tell me if you've been born yet, tell me if the navel that bound you slithered under the earth,* the blue canary of my daughter fell at our feet, weighing the same as an apple, and we couldn't revive the bird. You mutter in my ear, and though you are close, your voice is an echo. *To give life is to ignite torment*, that's what you tell me. I follow you to the woods, the cars pick up speed—by now no more than satellites in orbit. New-sprung trees surround us like the walls of a house. You are present in the deer that shows itself and retreats. The shining lake dulls under a huge cloud that is you. You despair, you explode, and finally you stand there and speak, from where you are. You come from nearby, from your own throat, and your breath is a temperate wind. The deer mount a small hill. You chuck a stone into the lake, and swans scatter like prude women before a naked body. Your heart beats in swelling circles. Around the woods, in the neighbor's houses, and at the border of the waves, in the fussy hotels, the mirrors have tiny fissures, maybe imperceptible, that nonetheless advance like cracks. *And because you're alive*, this brilliance swells in your mortal eyes, the brilliance of getting to know that sorrow.

Sexto movimiento
(la noche transfigurada)

Asumo que esto es lo más cerca que alguna vez estaré de un dragón.

—Oriana

El meteoro verde había cruzado el amanecer. Los que lucharon en una vida real por la igualdad y la libertad habían ya envejecido. Uno de ellos estaba en el hospital. El otro escribía libros. Habían hecho vidas aparte pero de tanto en tanto recordaban una camisa, una bebida, una canción como si fueran emblemas de una valentía con la que habían atado sus pies a la otra orilla. Habían hecho *ese más allá* marchando sobre el agua, trazando peces. Alguien los traicionó y perdieron su batalla. Al perder uno se convirtió en paloma y el otro fue a dar a la cárcel. Al paso de los años, la plaza en la que habían sido valientes se fue llenando de propaganda política y de animales domésticos. El meteoro en su largo trayecto volvía a pasar por nuestro cielo cada tanto y la paloma volaba otra vez en la noche anterior a la de la traición. El prisionero pasaba entonces del crepúsculo al amanecer atrayéndola con pedacitos de pan. El fulgor verde ocupaba el espacio de las constelaciones y los hábitos de la cobardía eran pospuestos hasta la mañana siguiente. Yo sabía bien de esta ronda interminable de la presencia efímera del meteoro y siempre me marchaba a casa diciéndome ¿no te cansas de ver esto y de que esta visión alimente tu dolorosa esperanza? ¿no quisieras que la paloma y el prisionero dibujaran en el cielo el nombre de todos los valientes, hasta que esa luminosa lista desplazara el sitio de las estrellas? Sin embargo la llama verde limón era de una luminosidad inolvidable y cuando estaba por llegar a mi casa, justo antes de abrir la puerta, el brillo ya había ocupado mi mente por completo.

Sixth Movement
(Transfigured Night)

> I assume this is the closest I'll ever be to a dragon.
> —Oriana

The green meteor already crossed the dawn. Those who fought in real life for equality and freedom were already old. One was in the hospital. The other wrote books. They lived separate lives, but now and then, they remembered a shirt, a drink, a song, like medals of valor, for having tethered their feet to the other shore. They made *that place in the distance* by walking on water, trailing fish. Someone betrayed them, and they lost their battle. Having lost, one turned into a pigeon; the other went to jail. Years passed, and their battlefield littered over with propaganda and domestic animals. The meteor on its long trajectory swept through our sky at times, and the pigeon took wing on the eve of deceit. From dusk to dawn, the prisoner lured it with crumbs. The green glow replaced the constellations, and all acts of cowardice waited for dawn. I knew about the meteor's never-ending rounds, and I always walked home scolding myself: Aren't you sick of this spectacle, of how it feeds your painful hope? Wouldn't you rather the pigeon and the prisoner wrote the names of the brave in the sky, until that glittering list crowded out the stars? But the lemon-green flame was unforgettably bright, and before I even reached my house, before I opened the door, its shine had entirely occupied my mind.

Séptimo movimiento

En el desierto amor mío, en el desierto vi nacer un elefante. Su madre lo creyó muerto y en su rabiosa desesperación lo arrastraba con la trompa, lo golpeaba con su gran pata. Aquella cosa negra que se emborrona en la distancia es amor mío, un nacimiento. Cae su peso como un huevo que revienta, arde como un aerolito en la noche vacía y semeja una muerte. Quisiéramos remontar la distancia, abarcar el desierto amor mío, arreglar las bombillas de todas las casas. Pero el desierto es un muro en un pueblo sitiado. Un muro destartalado como el de la casa que levantas ahora con tus propias manos. Esa casa donde brilla el oro que es subterráneo al mundo. La lámpara encendida en una casa remota es el resplandor ambarino de tus ojos viejos. Alrededor de ese mundo donde la casa se yergue circula la sangre, se extiende la arena, hace humo el puesto de langostas, murmuran los sepultureros, y un niño pescador toma de la mano a su padre, ambos con sus cañas izadas como mástiles y allá lejos, *en el lejos*, como un planeta el espacio el elefante cae para nacer. Muerto lo cree su madre y contra él arremete hasta que la gran criatura se pone de pie como un rey joven. Penden de los muros los hombres que escapan del sitio como sombras, como sombras libres. Si pones atención amor mío, ahora mismo verás una constelación de peldaños, una escalera al cielo hecha de mecate, de trenzas de niña, de trigo, de paja, de anhelo. Habrá que llegar al horizonte, trepar a la parte alta del muro, para saber si todo esto es cierto.

Seventh Movement

In the desert, my love, in the desert I saw an elephant born. Its mother thought it dead, and in her desperation, she dragged it with her trunk, struck it with her giant foot. That black smudge in the distance is, my love, a birth. Its weight falls like an egg that cracks open, it burns like an aerolite in the empty night and resembles death. We'd like to overcome the distance, cover the desert, my love, fix the lightbulbs in all the houses. But the desert is a wall in a town under siege. A tumbledown wall, the one in the house you're building now with your own two hands. That house that glimmers with the gold under the world. The lamp lit in a faraway house is the amber glow of your old eyes. Around that world where the house rears up, blood circulates, sand scatters, the lobster stand goes up in smoke, gravediggers mumble, and a fisher boy grabs his father's hand, each of them hoisting his rod like a mast, and far away, *in the faraway*, like a planet, the spot where the elephant tumbles born. Dead, his mother thinks and thrashes him, until the great creature rises to his feet like a young king. Men hanging from the walls, the men fleeing that place like shadows, loosed shadows. If you pay attention, my love, right now you will see a constellation of rungs, a stairway to the sky made of rope, of girls' braids, of wheat, of straw, of longing. You have to reach the horizon, climb to the top of the wall, to see if all of this is true.

Octavo movimiento

Un dibujo lejos de la calle y del hambre. Un dibujo lejos del viento que entra a la Catedral de San Patricio, a la Iglesia de Santo Tomás. Un dibujo belga en una habitación anuncia que la muerte persigue a la multitud. Un hombre en primer plano se agarra la cabeza, es el hijo de un poeta, tiene hambre, el viento lo ha empujado al frente de la página. Es un hijo trazado con una mueca trágica. Se llama Pablo, le queda poco tiempo de vida. Es un pájaro que ha olvidado volar. Es el olvido lo que nos hace pesados, presas fáciles de la gravedad. Así los mortales somos una parvada que camina, que se codea en la calles. En el dibujo están flanqueadas pájaros que llevan máscaras de hombres. ¿Por qué la muerte tiene aletas de buzo? ¿Por qué su guadaña negra y transversal parece una bandera? El sol muestra sus delineados dientes, no es que sonría, es que conoce la historia. El fuego en volutas hace florecer el edificio de la esquina. Las plumas en llamas de los hombres de la torre son el trazo de un grito. Una de las muertes ha desplegado sus alas de mariposa. En el balcón hay una mujer embarazada y una mujer desnuda. Ellas y el poeta morirán pronto. A las afueras del dibujo aún cae mi hermano y la guadaña que le da muerte es una bandera en llamas, una antorcha sin república. Los pájaros que invaden los libros de poemas están en las cornisas de todas las calles. Exceden todos los dibujos. Sin volar, laten velozmente sus minúsculos corazones, radios fuera de sintonía pidiendo un auxilio que no llegará.

En otro cuadro Ensor se ha pintado a sí mismo con sombrero de plumas. Plumas rosas y naranjas. Souvenir del fin de sus días.

En otro ha pintado el dominio de Arheim en negro y naranja. La República de Poe.

Y en otro ha pintado a una mujer cuyas manos

Eighth Movement

A sketch far from the street and from hunger. A sketch far from the wind that blows into Saint Patrick's Cathedral, The Church of Saint Thomas. A Belgian sketch in a room proclaims that death stalks the masses. A man in the foreground clutches his head, he is the son of a poet, he's hungry, the wind has shoved him to the front of the paper. He is a child drawn with a tragic grimace. His name is Pablo, and he hasn't long to live. He is a bird that forgot how to fly. It's forgetting that makes us heavy, prey to gravity. So mortals are a bevy of birds walking, rubbing shoulders in the streets. Why does death wear fins like a diver? Why does its black, transverse scythe look like a flag? The sun flashes delineated teeth. Not that it smiles, it's just that it knows the story. Whorls of fire send the building on the corner into bloom. Men on the tower, their flaming feathers are the streak of a scream. One of the dead has unfolded her butterfly wings. On the balcony: a pregnant woman and a nude woman. They, and the poet, will die soon. In the margins of the sketch, my brother is still falling, and death's scythe is a flaming flag, a torch with no republic. The same birds that swarm poetry books sit on the cornices of every street. They exceed every sketch. Without flying, their tiny hearts flutter, out-of-tune radios crying for help that won't come.

On another canvas, Ensor has painted himself in a plumed hat. Pink and orange feathers. Souvenir of the end of his days.

On another, he has painted the Domain of Arheim in black and orange. The Republic of Poe.

And on another, he has painted a woman whose hands clutch a handkerchief. Patient hands on a lap. The handkerchief is foam-white, damp with marine tears. There were divers who got lost looking for it. And she had it all

sostienen un pañuelo. Manos pacientes en un regazo. El pañuelo es blanco-espuma, húmedo de lágrimas marinas. Hay buzos que se perdieron buscándolo. Y lo tenía ella, era de ella, una bandera de los océanos.

Todo lo recuerda al mismo tiempo. Retiene las escenas con toda la fuerza de su mente. Así consigue esa ilusión de que no pesa, de que casi flota.

Una pintura triste es mi país.

along, it was hers, a flag for the oceans.

She remembers it all at once. She holds onto those scenes with the full force of her mind. In that way, she attains the illusion of weightlessness and almost floats.

My country, a sad painting.

Postfacio

En memoria de Pedro Pons Caso
(1961–2018)

Postscript

Photographs by Barry Shapiro

In memory of Pedro Pons Caso
(1961–2018)

En esta unión de ruinas y
primavera, las ruinas han
vuelto a ser piedras, y al perder
el refinamiento impuesto por
el hombre, han regresado a la
naturaleza.

Albert Camus, *Bodas en Tipasa*,
translated by Renata Riebeling

In this union of ruins and spring, the
ruins have turned back to stone, and
losing the sheen imposed on them by
man, they have returned to nature.

Albert Camus, *The Wedding at Tipaza*
translated by Michelle Gil-Montero

Ella sentada, sin saber

¿Ocurre esto en el mar y en tiempos de frío?
¿Es el frío duro y hecho de ladrillos?
¿La mujer es de un material como el de los bombones?
¿En su memoria esponjosa come el hijo suyo que morirá?

¡El destino, el destino!

Ni mi madre ni mi tía al estar por morir,
antes de cumplir los 70, ambas raspadas de años
sabrían que sus hijos se irían aún más jóvenes
subiendo por escaleras de papel picado, sangrando sin destruir nada.
Subirían hacia nubes estratégicamente colocadas,
prismas en la luz fría de esa ostia mordida.

Bajo el cielo negro brillan las rocas blancas,
en su lecho de arroyo seco,
situadas por un impulso azaroso que hasta hace días
encontró en el agua fiel
nervio y vida. Sonaban grillos y ranas:
La velocidad de esas voces
se rompen ahora contra el muro
que guarece a la fatalidad, justo detrás.

A boca cerrada, de pie, con tu cuerpo presente,
miramos el supuesto cielo donde existiremos.

Woman Seated, Unaware

Does this happen at sea and in the cold?
Is the cold hard and built of bricks?
Is woman made of a substance like chocolates?
In her spongy memory, does she eat her child who dies?

Destiny, destiny!

Neither my mother nor my aunt at death's door,
departed before reaching their 70s, corroded by years,
would know that their children would die so soon
climbing stairs of shredded paper, bleeding everywhere but ruining nothing.
They would climb to clouds strategically placed,
prisms in the cold light of that bitten host.

Under the black sky, white rocks
gleam in their dry creek bed,
lodged by a wild impulse that just days ago
found in the faithful water
nerve and life. Crickets and frogs sing:
The speed of those voices
shatters now against the wall
that guards fate, just behind it.

With a closed mouth, on foot, with your body present,
we see the alleged heaven where we will exist.

La frase

Cuando veas la entrevista a Duras fíjate en esto:
La frase se apodera de las palabras como puede.
Así la vida. Los detalles entran cabalmente
en sus huesos. No son la misma mujer, pero lo son. El destino fue cortando
esquinas, hasta que todo quedó encerrado en unas cuantas caras. Sus rutinas
son santas y jardineras, son agrestes y pacíficas. Matan y animan. Tal vez ya
no existen. Mi amigo tomó estas fotos hace unos pocos años y a esa altura de
la vida la fuerza
de la desaparición es implacable.
Te decía, la frase va capturando instantáneas y tiene piedad
por aquellos detalles más o menos funestos. Y por piedad
no usa palabras enormes y se concentra en decir lo que tiene
que decir. Ahora estoy por supuesto pensando en Pedro. En cuánto
lo adoró mi abuela. En que entre los pocos cuerpos muertos
que he visto están los de ellos dos, el de Luz y el de Pedro.
También han sido los funerales más devastadores
a los que he asistido, naturalmente porque en vida fueron azules
y agudos. Sabían detalles, números,
datos que a otros se les escapan. Hablaban
de cómo se construye la idea de algo. Había dos generaciones
de por medio y de modo muy distinto
hablaban de esto como tema dominante.
Cuando vi sus cuerpos con más de treinta años de distancia vi que era un
error haberlos visto. Eran justo esas frases las que no estaban, eran dos
muñecos de cera,
sin ningun parentezco
con quienes habían sido en vida. Sus almas estaban ya más en mí
que en ellos mismos. Mis fotografías internas me empujaban
y he estado cayéndome y sé que es por ellos. Ya no hay modo
de romperme en más partes.
Soy como esa frase listando sus palabras.
Llevo estos últimos meses siendo absurda. Tengo que decir
la frase completa al despertar, sin dar importancia
a sus partes y decirla justo entonces, al amanecer,
para mantener lo suyo, vivo, en mi vida.

The Sentence

When you find that interview with Duras, note:
The sentence takes what power it can from words.
Such is life. Details dig directly
into the bones. They aren't the same woman, but they are. Fate cut corners,
until all who remained were confined to a few faces. Their habits are holy
and horticultural; they're rustic and peaceful. They kill and vivify. Maybe
they no longer exist. My friend took these photos a few years ago, and from
that height in life the force
of disappearance is relentless.
I was saying, the sentence takes snapshots and has compassion
for the ill-fated details. And out of compassion,
it skips the big words and sticks to what it has
to say. Now, of course, I'm thinking about Pedro. About how
my grandmother adored him. About how their dead bodies are among
the few I've ever seen, the bodies of Luz and Pedro.
And theirs were the most devastating funerals
I've ever attended, naturally, because in life they were blue
and piercing. Keen on details, numbers,
facts that don't typically stick. They talked
about how an idea is constructed. Two generations
between them, they theorized on this
theme, in their different styles.
Seeing their bodies after more than thirty years, I saw my error
in seeing them. Reduced to unspoken sentences, they were two wax dolls,
with no resemblance to
the people they had been. Their souls were inside me more
than inside them. My mental photographs pushed me,
and I've been falling, and I know it is because of them. There are no more
pieces to break me into.
I'm that sentence listing their words.
I've spent the last few months in total absurdity. I have to recite
the whole sentence when I wake up, no thought to its parts,
and recite it precisely then, at dawn,
to keep what is theirs alive, in my life.

Regando los geranios de la ventana

Ella tuvo un caballo de miniatura que cabalgaba con furia
por su cocina. Vivían juntos, naturalmente,
pero eran casi enemigos.
El caballo lo recordaba todo,
incluso las primeras palabras
dichas por ella cuando aún pensaba que él era un juguete.

Ha pasado demasiado tiempo,
suficiente para que las cartas importantes
hayan sido quemadas.
¿Es que esto no va a resolverse en vida?
¿Es que algo se restablecería rompiendo a llorar sobre las flores?

Watering the Geraniums in the Window

She had a miniature horse that she rode furiously
through her kitchen. They lived together, naturally,
but they were practically enemies.
The horse remembered everything,
even the first words
she spoke when she still believed he was a toy.

Too much time has passed,
so much that the important letters
are burned.
Won't this be resolved in our lifetimes?
Won't we restore something by bursting into tears over the flowers?

(Posibilidad)

El cielo en su hora ultramarina enmarca el tremendo, imposible
minuto de cerrar los comercios. Las costureras vuelven a otras costuras.

Duele el olor de quienes pensaron flores bordadas
que vestirían cuerpos perfectos
e imperfectos. Imposible la luz del mundo pretérito en tul y algodón.

Atiborrado un cuarto con la promesa de los bailes. Mis sobrinas sin padre
que las vea salir de la casa así, deslumbrantes, huérfanas.

El sol afuera del comercio, sin poder penetrar ese cuarto.
El gran ausente y la vida con él. Tela y papel.
Lo que hoy escribo a un costado de lo no dicho.

(Possibility)

The sky in its ultramarine hour frames that tremendous, impossible
moment when the stores close. The seamstresses turn to other seams.

It hurts, that stink of workers who embroidered flowers
to dress bodies flawless and flawed. Impossible,
the light of that preterit world in tulle and cotton.

A room stuffed with the promise of dances. My nieces, with no father
to see them leave the house like that, dazzling, orphan.

Sun outside the store, powerless to penetrate that room.
That hulking lack, and living with it. Canvas and paper.
What I write today along the edge of the unsaid.

Las matas (y la luz)

¿Por qué no hablar, perennemente sólo del paisaje?
¿Y qué de nuestras mañas, de sembrar y dormir, de levantarse
temprano, de morir antes de tiempo?
Somos este mapa calibrado en nuestros pobres destinos. Así no podemos
sólo decir: Ah la luz, ah la niebla, ah los pastos. Diremos más bien
que cada quien se despide como puede, sangre y absurdo atan el nudo
entre los último que les dije y lo que ahora digo.

Bushes (and Light)

Why not talk, ceaselessly, about only the landscape.
About our bad habits, of sowing and sleeping, of rising
early, of dying before our time?
We are this map calibrated to our bad fate. So we can't
just say: Ah light, ah fog, ah grass. Instead we'll say
that everyone says goodbye however they can, blood
and the absurd knot together
the last words I said to them and what I now say.

El alambrado

Los primeros muros son sólo sugerencias. Trazos.
Las yerbas se espesan y pierden color en torno suyo.
Vivir es estar enmarcados por un cielo gris, absurdo, majestuoso.
Incluso sin estar
eres lo que existe y lo que no existe, la noche
que se avecina.

The Wiring

The first walls are just suggestions. Lines.
The grasses thicken and lose color there.
To live is to be framed by a sky that is gray, absurd, majestic.
Even without being
you are what exists and what does not exist, the night
nearing.

Pedro: dos sillas y una resbaladilla

Hace un rato, en una fotografía, vi tu cara del diciembre pasado.
Al mirarte me es fácil saber en retrospectiva que volverías a sitios
a donde nadie más regresa. A las sillas donde esperábamos
lo que ya no recordamos esperar. Al pueblo del fondo,
con su nombre olvidado. A la hierba que traga luz.
A la tierra negra y húmeda.
A reescribir las iniciales de algo o de alguien.

Resbaladilla: siempre resbalamos.

Vivimos aquí una mujer joven, dos perros y yo.
La casa es como una torre y al frente la fastuosidad
de un eucalipto guarda-pájaros aún más alto
que nuestro último piso
(desde donde podemos divisar las canchas de futbol).
Al frente de la torre-casa hay un riachuelo de rocas blancas.
Avanza la temporada de lluvias. Está crecido (el río). El monstruo
nunca llegará hasta aquí y tú que hubieras querido salvarme
te llevaste contigo tus azulísimos ojos.

Pedro: Two Chairs and a Slide

A while back, in a photograph, I saw your face from last December.
Looking at you it's clear that you would revisit those places
where nobody ever returns. Chairs where we waited
for something we've since forgotten to wait for. The town in the background,
with its forgotten name. The grass that sucks light.
The black, dank earth.
To reinscribe the initials of something or someone.

The slide: we slide forever.

We live here, a young woman, two dogs, and me.
The house is like a tower and out front the lavish
eucalyptus bird-sanctuary hangs higher
than our top floor
(where we can see the soccer fields).
In front of the tower-house is a white rock-creek.
The rainy season looms. It crests (the river). The monster
never travels this far, and you who would have wanted to save me
have gone with your blue, blue eyes.

Cruces

Un libro es también cualquier otra cosa.
Hasta días que nunca llegaron.
Hasta tumbas.
Digo "hasta" como sinónimo de "inclusive"
pero también de llegar lejos
"hasta allá".
También esta fotografía puede ser al menos el final
de un libro. No fue intencional pero así será.
Como el ojo del espantapájaros
que mientras era pintado pudo ver.
Arbitraria la luz se prende de la cruz más grande.
Diremos aquí que esa será la tumba de Pedro.
Y que la del fondo le pertenece a Charlie.
No hay necesidad de enviar flores,
aquí, perenemente, hay margaritas silvestres.

Crosses

A book is also whatever else.
Even days that never arrived.
Even graves.
I say "even" as a synonym of "including"
but also to venture somewhere
"even farther."
This photograph, too, can be at least the end
of a book. It wasn't intentional, but so it is.
Like the scarecrow's eye
that could see only when painted.
Arbitrary light blinks from the highest cross.
Let's call it Pedro's grave.
And let's say that the one behind it belongs to Charlie.
There's no need to send flowers,
here there are, ceaselessly, wild daisies.

Translator's Acknowledgements

I would like to thank the editors of the magazines where many of these translations first appeared: *Poetry Northwest, Asymptote, Wave Composition, Seedings, Two Lines,* and *Cordite Poetry Review.* A special thanks to Paul Cunningham for publishing *Postscript* as a digital chapbook at *Radioactive Cloud.*

I sincerely thank editor Katherine Hedeen for her meticulous, generous editorial work with the manuscript, and Andrew Shuta for his design. I am inexpressibly grateful to the whole supportive community of Action Books, and for the ongoing vision of Joyelle McSweeney and Johannes Göransson, in particular.

This work was supported by a PEN/Heim Translation Fund Grant, and I thank the PEN America Center for that recognition and assistance.

I am grateful to Barry Shapiro for the privilege of including his photographs alongside the poems they inspired.

Finally, I am grateful to Valerie Mejer Caso for her poetry, mentorship, and friendship. It has been my deepest pleasure to translate this very living book.

About the Author:

Painter and poet **Valerie Mejer Caso** was born in Mexico City into a family of European immigrants. She is the author of the poetry collections *Rain of the Future* (2013), translated by C.D. Wright, Forrest Gander, and Alexandra Zelman; *de la ola, el atajo* (2009); *Geografías de Niebla* (2008); *Esta Novela Azul* (2004), which was translated by Michelle Gil-Montero as *This Blue Novel* (2015); and *Ante el Ojo de Cíclope* (1999). Her book *De Elefante a Elefante* (1997) won the Spanish Government's "Gerardo Diego" International Award. Mejer Caso has collaborated with photographers, among them Barry Shapiro and Russel Monk. With the photgrapher D.S Borris, Mejer Caso and Forrest Gander co-authored *Time's Playing Fields*, a book about empty football fields in Mexico (Blue Star Contemporary Art Center, TX). She has translated poetry by Charles Wright, Ruth Fainligth, and Pascale Petit. From 2016-17, she participated in the Bienalle of Kochi-Muziris in India, where she exhibited her unfolded book "Untamable Light." Her poetry has been translated into English, Slovenian, and Korean.

About the Translator:

Michelle Gil-Montero is a poet and translator of Latin American poetry, hybrid-genre writing, and criticism. She has been awarded fellowships from the NEA and Howard Foundation, as well as a Fulbright US Scholar's Grant to Argentina and a PEN/Heim Translation Prize. She is the author of *Attached Houses* (Brooklyn Arts Press) and *Object Permanence* (Ornithopter Press). She is Professor of English at Saint Vincent College, where she directs the Minor in Literary Translation. She publishes contemporary Latin American poetry in translation at Eulalia Books (eulaliabooks.com).

About the Photographer:

Barry Shapiro grew up among the 1950s' mid-century artistic influences. Among his outstanding collections created through teaching photography workshops around the world are works from the locales of Galindo MX, Seychelles/Indian Ocean, Costa Rica, South Africa, and Bhutan. His work is in private collections and museums, and he was part of the 2016 Kochi Biennale exhibition "Untamable Light." In the Spring 2019 issue of the NYU journal Esferas, he and poet Valerie Mejer Caso collaborated on a bilingual poem/photo essay about environmental devastation titled "The House that Is, the House that Isn't." www.barry-shapiro.com

A Note on the Cover, Barry Shapiro

In a field near the New Mexican village named Encino, I came across an upside-down Ford Fairlane from the 1960s. I stood staring at its wheels pointed skyward, and felt like I was in The Twilight Zone. The juxtaposition of the same brand of car my mother had driven when I was a child and this lonely resting place was surreal. This was one photograph I had to make.